ANALYSTE

Au cœur de la folie financière

ÉDOUARD TÉTREAU

ANALYSTE

Au cœur de la folie financière

BERNARD GRASSET

PARIS

Pour Alexandra,
Joséphine et Marguerite

Que dites-vous ?... C'est inutile ?... Je le
sais ! Mais on ne se bat pas dans l'espoir du
succès ! Non ! Non ! C'est bien plus beau
lorsque c'est inutile !

Edmond Rostand,
Cyrano de Bergerac, V, 6.

Préambule

Mardi 12 mars 2002, 15 heures – bureau de Guillaume Hannezo, directeur financier de Vivendi Universal, 42 avenue de Friedland

« Détrompez-vous, j'ai une excellente relation avec mon conseil. »

A l'autre bout de la vidéoconférence, Jean-Marie Messier lâche cette phrase simple comme une évidence, avec un calme déconcertant.

Je tente de déchiffrer son visage, d'y lire quelque chose comme un doute. Rien. L'exercice n'est pas aisé : l'homme est à des milliers de kilomètres de moi, dans son bureau new-yorkais, aussi décontracté que Guillaume Hannezo apparaît angoissé et tendu. Lui avait parfaitement compris ce qui se jouait dans cette vidéoconférence où nous discutions d'un projet de note que je leur avais adressé quelques jours auparavant. Cette note va être distribuée dans la semaine à plusieurs milliers d'investisseurs dans le monde. Elle dit, en résumé, que le groupe Vivendi Universal a été tellement mal géré ces derniers mois que tout désormais peut arriver : un sursaut du management en place, un raid boursier, une fuite en avant, ou le débarquement de son PDG.

Vivendi Universal ! Le 12 mars 2002, avec ses 330 000 salariés et ses 58 milliards d'euros de chiffre

11

d'affaires, le deuxième plus grand conglomérat de médias au monde avait une puissance comparable à celle d'un Etat. Mais d'un Etat au bord de la faillite : une semaine auparavant, le même Jean-Marie Messier présentait les pertes de son groupe pour 2001 : 13,6 milliards d'euros. 90 milliards de francs évaporés à la suite d'une gestion d'exception : des entreprises achetées trop cher, pour l'essentiel.

C'est justement de cela que nous parlions depuis un peu plus d'un quart d'heure.

« Une excellente relation avec mon conseil. »

L'espace d'un moment, je n'écoute plus Jean-Marie Messier démonter point par point mes arguments selon lesquels il pourrait être débarqué par son conseil d'administration. Apparemment, le sujet le passionnait plus que les 20 premières pages de l'étude, où il se contentait de glisser sur mes arguments de fond concernant la dérive de son groupe : « vizzavi vaut zéro », « le royaume du résultat exceptionnel », « Internet, médaille d'or de la destruction de cash », « un management en surrégime », « débranchez la deal machine ! », « le gouffre Telepiu ».

Non, décidément, tout cela ne l'intéressait pas. Seul comptait pour lui ce scénario de 5 % de probabilité selon lequel il pourrait être remplacé à la tête de Vivendi.

Je le regarde sans l'écouter. Est-ce à cause de la distance, du décalage entre l'image et le son ? Toujours est-il que cette fois-ci, son brio et son envie de plaire avaient disparu. Ses arguments tombent dans le vide, lisses comme des chiffres ronds, inopérants.

Je pris peur. Et si ce ton détaché était un avertissement, une menace ?

La peur. Et le doute, aussi. D'abord, qu'est-ce que je faisais là ? Etais-je vraiment à ma place ? L'homme en face de moi était une puissance, ayant des milliards d'euros, des centaines de milliers de personnes derrière lui. Sous le pied.

De mon côté, je ne représentais pas tellement plus que moi-même et mon collègue Eric Ravary, qui avait cosigné la note. Je travaillais dans une PME de la Bourse de Paris, CLSE-France, une centaine de salariés à tout casser. Une société, filiale du Crédit lyonnais, si petite et si déficitaire que, deux ans plus tard, son nouveau propriétaire se dépêchera de céder ce passif encombrant, avec une soulte de quelques dizaines de millions d'euros, à une société de Bourse parisienne.

En mars 2002, employé d'une société fragile, le seul actif que je pouvais opposer au PDG de Vivendi Universal, c'était mon métier et mon titre : analyste financier.

En lui répondant sur la possibilité de son limogeage, je tâchais de faire attention à mes paroles : la vidéoconférence était organisée sur le circuit interne de Vivendi. Elle devait être enregistrée de bout en bout. Prudence et diplomatie. Pas de confrontation. Mais il tenait ferme ses positions. L'échange devait durer plus d'une demi-heure, soit trois à quatre fois plus longtemps que le reste, c'est-à-dire l'analyse de fond des errements financiers de ce groupe.

Passant longuement en revue la qualité de sa relation de travail avec son conseil, et de ses relations per-

13

sonnelles avec chaque administrateur, Jean-Marie Messier finit par me persuader d'une chose : j'avais touché un point sensible.

Au cours de cet échange audiovisuel et transatlantique, l'hypothèse farfelue d'un débarquement du PDG de Vivendi Universal devenait un sujet de discussion légitime.

Il fallait conclure. Je voulais que mes idées soient publiées, portées à la connaissance des investisseurs et des épargnants. Lui ne voulait pas perdre la face. Nous finissons par tomber d'accord : Jean-Marie Messier ne s'oppose pas à la publication de cette note, incluant le scénario de son propre débarquement avec une probabilité relevée à 10 %. De mon côté, je publie la note avec une recommandation à l'Achat, accordant un crédit de 60 % au scénario du retour à la normale : reprise en main, restructurations, arrêt de la *deal machine*, priorité à la génération de cash pour rembourser la dette, etc. En somme, tout ce que Jean-René Fourtou et son équipe exécuteront quelques mois plus tard.

Il était heureux. Moi aussi : l'étude allait pouvoir être publiée. Nous nous quittons en nous promettant de nous revoir bien vite.

Cette vidéoconférence devait être mon dernier contact avec Jean-Marie Messier.

Le 20 mars, la note sortait : « Vivendi, La Fin d'Une Exception », reprise quinze jours après par la presse.

Dans la foulée, Jean-Marie Messier tentait de réclamer ma tête à mon président, Jean Peyrelevade et essayait diverses manœuvres raffinées de déstabilisation personnelle. Les professionnels de la communication appellent cela de la gestion de crise. Soit. Le lecteur jugera.

Le 6 mai, deux jours après un changement de notation de l'agence Moody's sur la dette de Vivendi, j'envoyais une note, alertant les clients investisseurs du Crédit lyonnais Securities d'un risque de faillite (*bankruptcy*) de ce groupe. Le lendemain, tous mes travaux furent placés sous embargo, en prélude à diverses sanctions disciplinaires.

Le 3 juillet, Jean-Marie Messier quittait la présidence d'un groupe à quelques heures de la quasi-cessation de paiement, les larmes aux yeux et une promesse de 130 millions de francs d'indemnités dans la poche.

* * *

Trois ans après cet épisode spectaculaire, je me pose toujours la même question : avais-je fait correctement mon travail d'analyste ?

Rien n'est moins sûr. En première phrase de l'avant-propos de la note du 20 mars 2002, je rappelais que « cette étude n'est pas une entreprise de démolition du groupe Vivendi Universal et de son management. Au contraire ».

Il m'arrive d'être un peu maladroit.

Dans le même esprit, je formulerai ici l'avertissement suivant : ce livre non plus n'est pas une entreprise de démolition des marchés financiers mondiaux et de leurs agents.

Les marchés financiers, ce lieu où se rencontrent le capital et le travail, l'argent des épargnants et les projets des entreprises, sont une affaire sérieuse et respectable, tout comme les agents qui le composent.

L'on pourra toutefois découvrir dans ces carnets de voyage que les habitants de la planète Finance ne sont pas toujours raisonnables. Ils sont souvent mus par tout un ensemble de forces, d'illusions et de désirs, mais rarement par le souci d'être justes, précis, équilibrés.

Ce livre est une plongée dans le cœur du réacteur des marchés financiers, tels que j'ai pu les observer à un endroit et à un moment privilégiés : j'ai été analyste financier sur les groupes de médias européens de 1998 à 2004, pendant le gonflement puis le percement de la bulle dite internet. Expression commode suggérant un moment passager de déraison ? ou signal avant-coureur d'une des plus grandes crises financières de l'histoire du capitalisme ?

J'ai été témoin mais aussi, *volens nolens*, acteur de quelques-uns des excès et des dysfonctionnements les plus achevés des marchés financiers. Le krach des valeurs internet. La tyrannie de la création de valeur. Les conflits d'intérêts entre les banques d'affaires et les analystes. L'irresponsabilité de la masse anonyme et aveugle des investisseurs institutionnels. Enfin, et surtout, le désarroi et l'incompréhension grandissante des épargnants, salariés et retraités, et des dirigeants d'entreprises face à un marché qui ne tourne plus vraiment rond.

Dans cette planète Finance, l'erreur et le génie, la malhonnêteté et le courage, le vice et la vertu se côtoient sans cesse, se croisent, s'entrelacent. Et parfois fusionnent.

Ce lieu et ces gens sont finalement si humains qu'il faudrait être fou pour leur confier nos économies, nos entreprises, nos projets. Et totalement pervers pour penser que les marchés financiers aient une loi qui doive s'imposer à la communauté des hommes.

CHAPITRE 1

Courtier

Octobre 1998, Crédit lyonnais Securities Europe, 2ᵉ étage du 81 rue de Richelieu, Paris

Analyste ou commis de Bourse ?

« Bienvenue au Crédit lyonnais Securities Europe ! » Le monsieur qui m'accueille ainsi est à l'époque le patron de cette société de Bourse. C'est avec lui que je signe mon contrat d'embauche à l'automne 1998. En première page, il est écrit « Analyste financier en charge des valeurs médias ». Analyste ! Ah, voilà qui fait sérieux. Scientifique, même. Presque médical. « Ne dérangez pas l'analyste, s'il vous plaît, il diagnostique. Il va bientôt opérer. Laissez passer ! »

Analyste, ça sonne bien, mais analyste financier, quel beau cumul ! L'expertise et l'argent. Le savoir et la fortune. Mandarin de la finance !

Quel bonheur que ce titre : analyste financier ! C'est bien cet être à part, au-dessus de ces besogneux d'auditeurs, de ces saltimbanques de journalistes, de ces incapables de patrons. Il est ce savant qui va dire,

19

du haut de sa calculette, la valeur vraie d'une entreprise. Et la Bourse qu'il fera demain, dans un mois, dans un an. Dans un siècle. Ce Nostradamus des temps modernes est par essence impartial. Il ne vend pas, il n'interprète pas, n'affabule pas : il A-NA-LYSE.

Pas peu fier, je m'apprêtais à signer ce parchemin et à l'encadrer en bonne place chez moi, lorsque trois mots me sautèrent au visage. Un paragraphe avant la description de mon poste, le contrat stipulait que je rejoignais la « société de Bourse » (première moue de dégoût) du Crédit lyonnais, en tant que simple commis.

Commis de Bourse ! Non mais et puis quoi encore ? On me proposait un travail d'analyste financier, de véritable Hercule Poirot de la Place de Paris. Et me voilà VRP au Palais Brongniart !

Commis de Bourse ! Déjà, ce mot Bourse, si singulier. Mais « commis » : que dit le dictionnaire ? « Commis : adjectif, d'origine picarde ou wallonne (...) de commettre, mettre ensemble. » Ça pourrait commencer plus mal. 1er sens : « agent subalterne (administration, banque...). » Ah ! L'attaque est rude. 2e sens : « commis greffier : adjoint d'un greffier qui le supplée. » Malheur, trahison ! Le troisième sens permet-il l'espoir ? « Commis voyageur : représentant, voyageur de commerce ».

N'en jetez plus. En synthèse, ça donnerait « voyageur-de-commerce-subalterne-suppléant », pour la Bourse. Je ne m'attarde pas trop sur le mot suivant immédiatement dans le dictionnaire : commisération.

Toute l'ambiguïté du métier d'analyste était inscrite dans ces quelques lignes de contrat d'embauche.

Avant d'être un analyste financier, on est un commis de Bourse. Au-delà de la caricature, l'analyste n'est qu'un simple employé d'une société de Bourse, chargé d'en accroître le volume d'affaires par son travail, en vendant ses produits, des notes de recherche, à des clients : les investisseurs.

Analyste ou commis de Bourse ? Quel rôle allais-je remplir ? Celui d'un expert, d'un scientifique, d'un chercheur en finance ? Ou celui d'un VRP de la Bourse ?

« Alors, ce contrat, on le signe ou on ne le signe pas ? » Mon futur responsable hiérarchique m'extirpe de mes songes lexicographiques. Je regarde à nouveau le contrat. « Analyste médias ». Ça tombe bien : c'est l'industrie qui m'intéresse.

Je continue la lecture :... clause de non-concurrence... bla bla bla... salaire. Je relis le montant une fois, deux fois, trois fois. Rien à faire, il y avait toujours autant de zéros. Au bout de la troisième relecture, mes interrogations philosophiques sur ce statut ambigu d'analyste-commis de Bourse avaient totalement disparu. Je signai. A ce prix-là, je voulais bien jouer au représentant de commerce de temps en temps.

« Parfait. Vous démarrez la semaine prochaine. En attendant, je vais vous faire visiter notre salle des marchés. »

La salle des marchés était juste à la sortie de son bureau. Ce fut un choc.

Le premier choc, c'est le bruit. Le bruit que ferait une ruche électronique. Des *beeps* d'écrans, des appels de micros, des téléphones qui sonnent de partout. Des sonneries métalliques, prégnantes, comme celles d'une alarme électronique.

En m'avançant d'un ou deux pas, je commençais à distinguer des sons plus humains. Des voix. Des bouts de phrases jetées en pâture dans ce forum vibrionnant. Pas le temps pour le sujet-verbe-complément sur les marchés. Des mots qui s'entrechoquent, portés par des voix fébriles et empressées : « 10 000 Danone à 95 ! » « Allonge, allonge. » « Putain, ton spread ! » « Vendus ! » « Shorte, mais shorte, nom de Dieu ! » « Ça dévisse, ferme ta pose ! »

Nous étions bien sur un marché, avec ses étals, ses marchandises, ses donneurs d'ordres. Son urgence. Il y a toujours quelque chose à faire sur un marché : servir le client, préparer l'étal, engueuler le voisin qui empiète sur votre territoire. En fermant les yeux, on imagine le poissonnier Ordralfabétix hurler à la cantonade : « 80 000 Carouf (Carrefour) à 45 ! », et un ferronnier Cétautomatix lui répondre : « je suis déjà long, et puis elles vont à la cave, tes Carouf ! » pour lui signifier que ce poisson-là n'était déjà plus très frais.

Un marché. D'ailleurs, ces salles sont les derniers endroits qui matérialisent encore les marchés financiers. C'est là que se rencontrent l'offre de titres, les actions, et la demande, l'argent à investir. Et cette rencontre est bruyante. On n'est pas dans un magasin de luxe, mais dans une vente à la criée, avec ses horaires, ses rythmes : frénésie le matin, grand calme au déjeuner, et redémarrage en début d'après-midi avec l'ouverture des Bourses américaines, pour finir par un feu d'artifice de passages d'ordres et de bricoles en tous genres à quelques minutes de la clôture.

Il n'y a pas que le son dans une salle de marchés, il y a les images. Le choc est aussi visuel. Une vingtaine de travées, des ordinateurs à double ou triple écran, des pupitres électroniques et clignotants. Un festival de couleurs : verts, rouges, bleus. Quel est donc ce drôle de jeu d'arcades, où, en guise de *joystick*, les joueurs sont armés d'un voire deux combinés téléphoniques ?

Les joueurs, justement. Ils sont de tous âges, se mettent dans toutes les positions – assis, debout, assis debout, plus rarement couchés mais ça s'est déjà vu. Chacun est à son affaire, comme l'équipage d'un bateau en pleine manœuvre. Sauf qu'ici, il n'y a pas d'équipage, pas d'équipe. Juste une somme de petits comptes de résultats. Un royaume d'individualités. L'esprit d'équipe, on en reparle après la clôture des marchés. A la fin du match.

« Viens, je vais te présenter. »

Je suis plutôt d'accord. Et puis, je me sens encouragé par ce passage au tutoiement de rigueur que m'impose mon désormais responsable hiérarchique. Je venais de milieux professionnels où le vouvoiement, la distance étaient prisés : banque d'affaires, administration. Ici, pas question de mettre de la distance entre les individus. Les rapports doivent être les plus directs possible. Et donc les plus violents, aussi. Va pour le tutoiement, même si le vouvoiement n'a pas que des inconvénients dans la vie professionnelle : il permet du recul, de la nuance, de la distance pour réfléchir, et pour peser ce que l'on va dire ou entendre de son interlocuteur. La distanciation : apparemment, ce n'est pas comme cela que fonctionnent les marchés financiers au quotidien.

« Tiens, à droite, tu as les vendeurs actions. » Allons bon, ainsi, dans cette immense salle tout d'une pièce, sans couloirs ni recoins, sans anfractuosités ou zones d'ombres, sans frontières ni passerelles, dans ce désordre de bruit, de couleurs et de mouvements, il y aurait un ordre, un agencement ?

Je m'approche de ces fameux vendeurs actions, dont on m'avait tant parlé. On les appelle les *sales* dans le langage de la finance, l'anglais. Ne prononcez pas « sale », mais bien « selz ». Comme dans Alka-Seltzer. Ils ont le contact direct avec les clients investisseurs, les appellent tous les jours, en les abreuvant d'idées que leur produisent les analystes de tous les secteurs industriels.

Si les sociétés de Bourse étaient des agences immobilières, les vendeurs actions seraient des agents immobiliers, et les chiffres, études et idées des analystes seraient les appartements à louer, à vendre ou à acheter.

Le *sales* est ainsi le personnage important d'une société de Bourse : c'est lui qui va chercher l'argent. Dès qu'un client passe un ordre de vente de titres, ou un ordre d'achat, le *sales* est là pour générer et récupérer la commission, par exemple 3 du 1 000. Ainsi, un client qui passe un ordre d'achat pour un million d'euros d'actions Total va enrichir notre société de Bourse de 3 000 euros.

Le travail du vendeur est donc assez simple : il doit bien s'entendre avec le client, pour être sûr que, lorsqu'il veut passer des ordres en Bourse, il nous appelle, nous et pas la concurrence. A charge ensuite pour le vendeur d'inciter son client à changer le plus souvent possible ses positions, sur les valeurs boursières les plus grosses possible.

C'est une donnée fondamentale du métier : surtout, ne pas perdre de temps avec les petits investisseurs, ou ceux ayant des convictions et des positions tellement solides et affirmées qu'ils passent très peu d'ordres dans l'année. La prospérité des sociétés de Bourse est assise sur la versatilité des investisseurs.

Je regarde travailler ces seigneurs de la Bourse. Ils étaient tous pendus au téléphone, à vendre leur marchandise du jour – un changement d'opinion de l'analyste pharmacie. Intrigués de la présence d'un nouveau venu, certains daignèrent me jeter un regard. Voyant que je n'avais l'air ni d'un client, ni d'un déontologue, ils replongèrent aussitôt le nez dans leurs écrans, continuant leurs bouts de phrases codées. D'autres me lancèrent des regards noirs, dans l'hypothèse où je les aurais rejoints comme un autre vendeur avec qui ils auraient dû partager leur gâteau de commissions.

« Bienvenue au Crédit lyonnais Securities Europe... » Ambiance. Il va falloir faire son trou dans ce marigot. Mon chef, sentant ma gêne, l'évacua en un instant. « Ils sont très occupés ce matin, on fera les présentations la semaine prochaine. Allons voir les *traders* et le *back-office*. » Soit.

Avant de quitter ces vendeurs, qui allaient être mes principaux interlocuteurs dans mon travail, je les dévisage une dernière fois. Ils sont plus d'une vingtaine, et il y en a pour tous les goûts. Normal : on attribue à chaque vendeur un portefeuille de clients, gérants actions de caisses de retraites, de banque, de compagnie d'assurances... susceptibles de bien correspondre avec son propre profil. Un coup d'œil rapide du desk des vendeurs actions du CLSE faisait ressortir trois modèles principaux :

— le modèle agent de change : vieux routier du Palais Brongniart, il traîne ses guêtres dans le marché depuis des décennies, connaît tout sur tout le monde, a grandi avec ses clients. Il a du flair et de l'expérience, et ça vaut les meilleures analyses financières du monde. Bon vivant, il passe l'essentiel de ses ordres autour d'un déjeuner roboratif et arrosé comme il se doit, et tout le monde est content ;

— le modèle *young professional* : formé à l'anglo-saxonne, à peine trentenaire, il arrive tôt le matin, en même temps que les analystes, lit tout ce qui se publie dans le marché, refait les calculs de valorisation lui-même, et va les discuter avec ses clients ex-actuaires ou titulaires d'un doctorat en mathématiques quantiques ; lui a décrété ne pas avoir le temps de faire les gueuletons de ses aînés ; d'ailleurs, il a arrêté de fumer et de boire depuis longtemps et surveille sa ligne quand son conjoint ne le fait pas pour lui ;

— le modèle Anderson, pas d'après le nom du poète néerlandais, mais d'après Pamela, se passera ici de commentaires qualificatifs. Il plaît beaucoup.

Je m'attardais négligemment sur ce dernier modèle lorsque mon chef me rappela le plan de la visite : les *traders*.

26

Les *traders* sont ceux qui vont chasser les actions au meilleur prix dans le marché, et les placer auprès des clients de la société de Bourse, à l'achat ou à la vente. Ce sont de loin les plus speedés de la salle. Pas une minute de répit, une vigilance de tous les instants : chaque centime d'euro de gagné sur une ligne de 100 000 actions, ça fait déjà 1 000 euros dans la poche.

A proximité, les services d'exécution, de traitement des ordres et de back-office. Par nature moins exposés que les vendeurs et les traders, ce sont eux qui vont verrouiller, contrôler et réaliser les transactions.

Et puis, encore dans le fond, au milieu de la salle, un bocal-bunker rempli de déontologues, surveillant chaque opération, chaque mouvement à la loupe.

Mon petit tour terminé, je pris congé de mon interlocuteur. Sorti de la salle des marchés et du bâtiment, je me retrouvai à l'air libre, dans la rue, entouré de gens normaux, un peu soufflé par cette atmosphère électrique et urgente.

C'était donc ÇA, les marchés ? Je m'attendais à une atmosphère compassée. Des gens d'expérience, réfléchissant sur les perspectives d'Alcatel en fonction de la géopolitique internationale, pondérant les résultats attendus de Casino avec les dernières statistiques de l'INSEE. De cela, il n'était pas question. Le marché, c'est d'abord cette foire d'empoigne très vivante et théâtrale.

A vrai dire, ma première impression laissa comme une déception. Le décalage était si grand entre la qualité des marchandises – ces projets et ces grandes entreprises réclamant de la réflexion, du recul, des mises en perspective, de la prudence, de la pondération – et les rythmes, les règles, les codes d'un marché à la criée, où le seul impératif semblait celui de la vitesse – réfléchir vite, parler vite, agir vite. Le décalage est si grand que je me demandais : « Mais pourquoi ces grandes entreprises laissent-elles leur valeur et leur destin aussi facilement marchander entre des mains parfaitement étrangères à leurs intérêts ? Est-ce par négligence, par habitude, parce qu'elles se font des marchés une représentation idéale, éloignée de la réalité ? Est-ce parce qu'elles n'ont pas le choix, le vrai pouvoir économique étant dans ce maelström bizarre ? »

Au diable toutes ces questions. Pour le moment, j'avais un métier à apprendre. Je verrais bien par la suite à quoi il pourrait bien servir.

« Stock, reco, target »

Il est 6 heures, Paris s'éveille. Moi aussi. L'analyse financière appartient à ceux qui se lèvent tôt. Cela faisait six mois que j'avais rejoint le Crédit lyonnais Securities Europe, et je n'arrivais toujours pas à adopter ce rythme matinal. Un analyste sérieux est effectivement censé arriver chaque jour à son bureau avant 7 heures du matin. Les moins sérieux pointent le bout de leur calculette vers 7 h 30. Après 7 h 30, vous entrez définitivement dans la catégorie des rigolos.

Ce dernier créneau horaire m'aurait bien convenu, mais il n'était pas conseillé. Car, tous les jours que Bourse fait, à 8 heures du matin, les analystes financiers du Crédit lyonnais Securities, comme la plupart de leurs confrères en Europe continentale, avaient un rendez-vous sacré, liturgique avec le marché : le *morning meeting*.

Le *morning meeting* est le moment le plus important dans une société de Bourse. S'y réunissent, à l'intérieur d'une immense salle de conférences, les analystes, les vendeurs et les principaux traders actions de la société.

Le morning meeting est aux marchés financiers ce que la conférence de rédaction est à la presse. C'est le lieu et le moment où les analystes financiers vont donner à leurs forces de vente les munitions nécessaires pour appeler toute la journée leurs clients investisseurs. Les derniers résultats de Michelin, les récentes déclarations du PDG de Saint-Gobain, l'évolution inattendue d'un cours de Bourse, les rumeurs de marché non vérifiées mais efficacement colportées par tel quotidien : toute l'actualité économique et financière peut faire l'objet d'une analyse financière, d'une interprétation. Le morning meeting est aussi le moment où les analystes vont faire part de leurs changements d'opinion sur un titre, de nouvelles prévisions de résultats, ou de la publication d'une récente étude.

L'objet même du morning meeting interdit toute improvisation, tout esprit mal réveillé. C'est un moment d'une extrême intensité. Sujets cardiaques ou endormis s'abstenir. A 8 heures du matin, il faut avoir lu toute la presse sur son secteur, pour ne rater aucun événement majeur ; avoir rédigé un commentaire d'une à deux pages en anglais, prêt à être diffusé aux investisseurs du monde entier ; et, surtout, avoir quelque chose d'intelligent, de structuré et de vendeur à dire. Très difficile de réunir les trois à la fois, et pourtant c'est obligatoire : sitôt le morning meeting achevé, les dizaines de vendeurs de chaque société de Bourse vont se précipiter sur leurs téléphones, pour relayer les idées de leurs analystes vers plusieurs centaines d'investisseurs européens.

La pression est immense pour l'analyste : un argument pas assez convaincant, ou trop longuement étayé, et le couperet tombe : « temps de parole dépassé, au suivant ! ». Ou « on n'y comprend rien à tes salades, viens nous en reparler plus tard ». Voire « revois donc un peu tous ces chiffres, ça ne colle pas ». Le résultat est le même pour les impétrants éconduits : à la trappe ! Ils n'existeront pas dans le flux d'ordres de la journée. Leur secteur n'apparaîtra nulle part dans les décomptes du courtage généré par secteur, à la fin du mois. Et ça, ce n'est pas bon pour la pérennité du poste.

Conséquence de ce format : la prime est donnée à ceux des analystes qui arriveront avec les idées les plus simples, les plus tranchées, les plus faciles à digérer. Les plus sensationnalistes aussi. Pas question de faire dans la nuance, de soupeser les hypothèses : il n'y a que deux boutons pour jouer : Achat ou Vente.

Ce matin-là, c'était mon premier vrai morning meeting.

S'agissait-il des résultats annuels 1998 de TF1 ou de Publicis, publiés en mars 1999, ou de l'OPA de Lagardère sur Europe 1, en avril 1999, qui donnait le coup d'envoi de la mutation de ce conglomérat en *pure play* des médias ? S'agissait-il de tous ces événements, dont ma mémoire n'aurait conservé qu'un seul souvenir, aggloméré ? C'est probable. Toujours est-il qu'au printemps 1999, après une période d'observation, de « non-agression », pendant laquelle les vendeurs actions m'ont peu sollicité, mon baptême du feu était annoncé.

On me demandait pour la première fois d'intervenir au tout début du morning meeting. Privilège rare, qui signalait que les vendeurs avaient décidé de centrer leur journée d'appels sur cet événement dans l'industrie des médias, et le commentaire que je pouvais en faire.

La veille, j'avais préparé cette contribution très attendue jusque tard dans la soirée. Calculs savants, vérifications de chiffres, échafaudages d'hypothèses. Précision des mots, formules condensées : un exercice qui serait la synthèse entre le « résumé-discussions » du bac de français, et une colle de maths. Sans session de rattrapage. Le lendemain, j'arrivais exceptionnellement en avance au bureau, avant 7 heures. J'avais une heure devant moi pour tout lire de ce qui s'était dit, écrit ou murmuré sur le sujet ces dernières 24 heures.

Les portes de l'ascenseur s'ouvrent. Première barrière à franchir : la porte du département « Banque d'Investissement ». Je glisse mon badge dans la fente : la porte s'ouvre.

Une deuxième porte reste à franchir : celle de la salle des marchés. Re-badge. Je la traverse rapidement et sans trop d'encombre : tous les vendeurs, traders, sont déjà le nez plongé dans les journaux. Ils préparent le menu de leur journée. Quelles seront les informations, les analyses, les thèmes à vendre auprès de leurs clients ?

Arrivé au bout de la salle des marchés, une porte battante annonce le royaume de l'analyse financière, l'empire de l'intelligence et de la raison, l'univers de l'exactitude et de la rigueur : le bureau de recherche du Crédit lyonnais Securities Europe, où sont regroupés tous les analystes.

Dans la plupart des sociétés de Bourse, les analystes sont mélangés avec les vendeurs et traders dans une même salle. Sans doute cela permet-il des échanges plus fluides, et une meilleure homogénéité. Cependant, je n'ai jamais su comment ces collègues-là faisaient pour se concentrer sur leurs travaux de calcul, de valorisation, qui réclament un minimum de silence et de sérénité.

Alors qu'une table de *trading* ou de vendeurs actions exige des qualités tout à fait inverses pour être efficaces : du bruit, de la vitesse, de la pression, des éclats de voix, de la colère et des éclats de rire, parfois.

Mais, au Crédit lyonnais, les analystes étaient séparés des vendeurs par cette porte battante, en une sorte de mur de l'argent. D'un côté, les revenus. De l'autre, les coûts. Séparation factice mais pratique entre les vendeurs qui généraient les commissions, et les analystes qui préparaient le combustible des vendeurs : les idées et recommandations d'investissements.

Je pénètre dans le département des analystes. Nous étions en pleine période de résultats annuels des sociétés : ils étaient tous déjà là, bien avant moi, à reprendre les communiqués de presse parfois tombés le matin même.

L'analyse financière est un métier pour grands solitaires et farouches individualistes.

Chaque analyste a en charge le suivi, la couverture de tout ou partie d'une industrie : pharmacie, banque, agroalimentaire, finance, énergie, etc. Lorsque l'industrie est très large, comme la banque, ou à la mode comme les télécoms, les médias, etc., elle peut être couverte par plusieurs analystes, chacun étant responsable d'une partie de l'ensemble. Par exemple, dans les services collectifs, on pourra avoir un analyste « eau » (Veolia), « électricité » (Edison en Italie), « gaz » (British Gas), à moins que les secteurs ne soient divisés par pays ou région géographique.

33

De travail d'équipe, il ne saurait être question : chacun est pleinement responsable de ses écrits et recommandations. Il ne peut y avoir de double commande dans ce domaine.

Tout au plus, lorsqu'un analyste commence à avoir suffisamment d'expérience de son secteur et d'écoute auprès des investisseurs (on le qualifie alors d'analyste « senior »), peut-il être épaulé dans ses travaux par un stagiaire. Au début, le stagiaire est cantonné aux tâches les plus ingrates et les plus chronophages, notamment la mise en place de bases de données, de « modèles » de calculs et de valorisation. Petit à petit, le stagiaire deviendra le « junior » de son senior, avant de voler de ses propres ailes.

En avril 1999, j'étais seul à suivre les médias pour le Crédit lyonnais. L'équipe s'étoffera un peu plus tard, mon « junior » arrivant en mai 2000.

Le caractère solitaire de ce métier n'exclut pas la bonne ambiance, au contraire : chacun ayant son propre territoire, il n'y a pas de véritable compétition interne, qui semble le lot commun de grand nombre d'entreprises. Seule compte la performance individuelle, sanctionnée par le bonus de fin d'année.

Ce matin-là, pas le temps de relancer les blagues et saluts que mes camarades m'adressaient : j'avais une heure pour rédiger mon commentaire.

Vite, les journaux de la presse économique : *Les Echos, La Tribune*, le *Financial Times*, le *Wall Street Journal*.

Vite, les sites internet des quotidiens généralistes français, offrant gratuitement et au tout-venant internaute leurs contenus dès l'aube. Sans doute gagnent-ils suffisamment d'argent pour se permettre une telle philanthropie.

Vite, le zapping des bases de données et fils d'agences financières : pour peu que les bureaux américains de Bloomberg, Dow Jones, Reuters aient sorti une analyse ou une interview la veille au soir, heure de New York.

La moisson était bonne : une interview, trois analyses, quatre chiffres et quelques citations d'analystes bavards et reconnus s'étant exprimés dès la veille sur le sujet à traiter.

Je reprends mes chiffres, mes calculs, mes arguments. Pas de doute, j'étais dans les clous. Je ne m'éloignais pas du consensus des opinions exprimées sur le sujet : les effets positifs de l'opération envisagée ainsi que les résultats annuels marginalement supérieurs aux attentes allaient vraisemblablement être bien accueillis par le marché, mais pas trop. Mon opinion serait donc un Accumuler (c'est-à-dire une recommandation d'achat modéré), avec un objectif de cours environ 10,3 % au-dessus du dernier cours de la veille.

Pourquoi 10 % ? Parce que mes premiers calculs indiquaient que la revalorisation mécanique de mes prévisions de résultats aurait dû améliorer la valeur de cette société de 8,6 %. Simplement, 8,6 %, c'est dur à retenir. En plus, c'est une croissance faiblarde, à un chiffre (de 1 à 9), *single-digit* comme on dit outre-Manche. Et le single-digit n'a jamais excité grand monde. En revanche, afficher + 10,3 %, là, ça avait de l'allure. Il suffisait de changer un ou deux arrondis sur quelques hypothèses de calcul, dans mes tableaux Excel, et l'on y était.

Argumentation solide, opinion honnête, calculs précis : j'abordais l'épreuve avec confiance. Je ne prenais pas non plus trop de risques : le reste du marché pensait à l'identique. Pour sûr, cela plairait à mes vendeurs.

7 h 55, je m'installe dans la *hot seat*, la chaise prévue pour les analystes s'exprimant ce matin-là. J'étais le premier : émotion.

7 h 57, les premiers vendeurs arrivent dans la salle du morning meeting, et prennent place autour d'une immense table. Au milieu, l'araignée, ce dispositif de télécommunications permettant de nous mettre en conférence avec les dizaines de vendeurs des autres bureaux européens de CLSE : Londres, Madrid, Milan, Zurich, Francfort, Lyon... Pour le bureau de New York, l'exercice serait répété à 13 heures, heure de Paris. Tant pis pour le déjeuner.

7 h 59, toute la force de vente est réunie au complet autour de la table. Le maître des cérémonies, patron des ventes et de la recherche, ouvre les hostilités. A sa droite, un sablier.

« Bien, aujourd'hui, les principales interventions portent sur les médias, puis les résultats de Suez, le changement de prévisions sur Accor, et un contact téléphonique entre notre analyste BTP et le directeur financier de Lafarge. Mais d'abord, la clôture de New York hier soir avec le trading, et les principales statistiques du jour, avec notre économiste. »

Ainsi donc, ce n'était pas une légende. Pour démarrer en Europe une journée de Bourse sur les valeurs européennes, cotées en Europe, la première et principale information à donner c'est... la clôture des Bourses américaines la veille! C'est une évidence pour les professionnels, mais pour les amateurs dont je faisais partie, la chose restait surprenante. Il fallait que New York donne le la pour les Bourses de Paris, Londres, Francfort, Milan... Une clôture de l'indice phare américain, le Dow Jones, à la hausse la veille au soir, et les investisseurs seraient mieux disposés à acheter des actions européennes le jour même. Un NASDAQ en baisse, et il fallait s'inquiéter pour le CAC40. Pourquoi pas? A chacun son horoscope. Le trader donne ses commentaires factuels sur le Dow Jones, IBM, Coca Cola, etc. Puis c'est au tour de l'économiste de souligner les grands rendez-vous de la journée : indice des prix à la consommation, indice de confiance des ménages, réunion de la Banque centrale européenne. En trois minutes, les fondamentaux sont donnés. On peut passer aux détails : les arguments des analystes pour acheter ou vendre tel ou tel titre.

« Edouard, vas-y, tu as exceptionnellement droit à deux sabliers, soit un peu plus de 4 minutes. C'est parti : stock, reco, target! »

Et, joignant le geste à la parole, le maître de cérémonie retourne son sablier.

« Stock, reco, target. » Ce n'était pas une formule magique, ou une incantation pour secte boursière new age, mais le point de départ obligé de toute intervention d'analyste. «Stock» : le nom de la société;

37

« Reco », la recommandation boursière que l'on donne à l'action de cette société. On avait le choix, au CLSE, entre Achat, Accumuler, Alléger ou Vente. Pas de recommandation neutre ici : l'analyste est obligé de se mouiller, de faire pencher la balance d'un côté ou de l'autre, selon l'opinion qu'il se fait d'une valeur à un moment donné.

En l'occurrence, je recommandais pour cette société un Accumuler, c'est-à-dire un Achat modéré : pas plus de 15 % de potentiel d'appréciation du titre. « Target », c'était l'objectif de cours assigné à ladite valeur : « objectif de cours porté à tant, en hausse de 8 % ».

Il me restait 3 minutes 50 secondes pour convaincre. 230 secondes pour rendre simples et compréhensibles une opération et de nouvelles données complexes. 230 secondes pour formuler une opinion argumentée, chiffrée, sur le surcroît ou la baisse de valeur que l'on pouvait attendre d'une telle opération. 230 secondes enfin, pour convaincre une vingtaine de personnes qui allaient relayer, chacune avec leurs mots, leurs réflexes, leurs modes, un message qui devait être porté, à l'écrit et à l'oral, à plusieurs centaines de clients dans le monde. 230 secondes enfin, pour faire la différence. Ce marché des opinions est bien un marché, avec des offres concurrentes.

Il est donc vital de se démarquer, tant de la concurrence interne – les autres analystes de CLSE ayant des histoires peut-être plus marquantes à donner sur Renault, Saint-Gobain, L'Air liquide, L'Oréal, Schneider... – que de la concurrence externe. Car, en même temps que le morning meeting de CLSE en Europe, une cinquantaine d'autres morning meetings se tiennent dans une cinquantaine de sociétés de Bourse concurrentes. Elles vont toutes formuler une opinion sur le même sujet « médias » ce matin-là, pour la véhiculer ensuite vers les mêmes clients investisseurs que CLSE. Et que le meilleur gagne ! Celui qui aura eu la meilleure idée, ou l'idée la plus facilement commercialisable, maximisera ses chances de capter le plus grand nombre d'ordres de Bourse ce jour-là. Avant de recommencer le lendemain.

Saine concurrence, aiguillon efficace permettant la diversité des opinions sur le marché ?

Pas vraiment. Dans la formulation de son message comme dans sa conception, l'analyste doit aller au plus vite. Ce qui signifie : lire le communiqué de presse de la société, ou l'interview, ou le tableau de chiffres, et, dans un minimum de temps, sortir le commentaire qui va faire vendre. Achat ou Vente. La logique implacablement binaire de la Bourse oblige à des commentaires irrémédiablement primaires. Et souvent similaires, d'un analyste à l'autre.

Il faut avoir en tête cette double pression, commerciale et temporelle, qui rend quasi impossible tout travail analytique pondéré, équilibré, nuancé. Objectif. Les analystes ne sont pas payés pour dire la juste valeur des entreprises cotées. Ils sont payés pour animer leur marché le plus possible chaque jour.

Il faut donc faire court, et frapper fort. Le quotidien d'un analyste financier et d'une société de Bourse, c'est d'abord et avant tout cette pression du temps, cette exigence de clarté, cet impératif d'efficacité. Pas le temps pour le doute cartésien, pour des formules compliquées. Pas de place pour la nuance, et c'est un paradoxe puissant : dans cet univers si incertain des marchés financiers, des valeurs qui changent, qui décalent en quelques secondes, il faut vendre des certitudes, de l'immédiatement digestible et du « prêt-à-dealer ».

230 secondes. Je me lance. Un débit de chiffres, quelques formules à l'emporte-pièce, et une conclusion : « Accumulez, c'est une bonne nouvelle pour les actionnaires de cette société, mais ça ne va pas non plus bouleverser le statut du titre. »

Je regarde mes vendeurs. La déception et une forme de colère se lisent sur leurs visages. Je sens que je n'ai pas été bon. Les réactions fusent :

« Tout ça pour ça ! Mais qu'est-ce que tu veux qu'on vende, avec cette eau tiède ! »

« La prochaine fois, lis-nous le communiqué de presse à haute voix, ça sera plus clair. »

« On voit que ce n'est pas toi qui appelles les clients ».

« 8 % de potentiel de hausse, c'est nul, on n'en a rien à foutre. »

« De toute façon, je ne comprends rien à ce groupe, et leurs émissions sont nulles. Tenez, rien qu'hier soir, j'en regardais une. »

Je regarde le patron des ventes, qui me résume le cahier de doléances de ses troupes :

« Ecoute, Edouard, tes calculs sont peut-être justes, mais c'est invendable, ton histoire. C'est une occasion manquée. Reviens nous voir avec une vraie reco.

Apparemment, tu es plutôt positif sur ce changement. Alors, pourquoi ne pas l'écrire et le dire plus clairement?»

« Vous voulez que je change mon opinion en Achat, c'est ça? Mais...»

Et le patron des ventes de me souffler en aparté : « Tu fais ce que tu veux. Simplement, tel que tu l'as construit, ton argumentaire, on n'en parlera pas de la journée. Et ça commence à nous poser un vrai problème au niveau du courtage. Reviens nous revoir à la fin du morning. C'est clair?»

C'était clair comme de l'eau de roche. J'avais travaillé pour rien. J'avais aligné des pages de calculs la veille, pondéré et repondéré mes arguments pour rien du tout. Mon histoire ne passerait pas dans la journée si je la laissais telle quelle. Et j'étais là pour aider ma force de vente à générer des commissions, pour rien d'autre. Le chef des ventes m'avait même lancé un bel avertissement : à force de pondre des analyses justes mais modérées, je n'apparaissais nulle part dans la ligne des revenus du compte de résultat de la société. Je n'étais qu'un centre de coûts.

J'ai compris mon métier ce jour-là. Peu importait que le produit, l'opinion, soit bonne ou mauvaise, il fallait qu'elle se vende.

Je quittai précipitamment la salle. En un quart d'heure, j'avais repris mes calculs, révisé une ou deux hypothèses à la hausse. Et le texte de ma note devenait, en substance : « Avec ces excellents résultats, et cette opération inattendue, la société change radicalement de statut. Il n'y a plus aucune raison pour lui infliger une décote comme par le passé. L'objectif de cours est relevé de 30 %. La recommandation passe de Accumuler à Achat. »

En fin de morning meeting, je reviens dans la salle, reprends la parole, avec mon opinion améliorée.

Ce fut un grand moment de bonheur. « Eh bien voilà, ça y est, c'est le métier qui rentre. » « Là, ça me parle. » « Il fallait le dire plus tôt. » « C'est trop bon, ça. Allez, viens, tu vas m'aider à appeler quelques clients là-dessus. »

Le métier était enfin rentré.

Pas très fier de moi, je regagnais mon poste, tandis que les vendeurs transmettaient au marché mon changement d'opinion. Ce fut un vrai succès. Dans la journée, l'action s'envola. Dans la semaine et le mois qui suivirent, elle enregistra parmi les meilleures performances du CAC40 et des valeurs médias européennes. L'on vint me féliciter, et me dire qu'on n'oublierait pas ce fait d'armes dans le calcul de mon bonus de fin d'année. « Bravo, Edouard, maintenant tu es un vrai analyste. On va pouvoir te sortir et te montrer à nos clients. »

« Bravo, Edouard. » Bravo pour cette petite capitulation. Sans importance ? Oui et non. A mon échelle, à l'échelle de CLSE qui captait quelques miettes de parts de marché sur les valeurs françaises, ce travestissement d'opinion était sans importance. Mais ces petites capitulations, il y en eut des dizaines ce matin-là, dans le même sens et sur le même sujet. Dans chacune des dizaines de sociétés de Bourse actives sur les valeurs européennes, un analyste médias, ce matin-là, affirmissait les angles de son opinion sur la société en question, surenchérissait sur l'écart de valorisation que l'on pouvait en attendre. Poussait à la roue. Le marché était haussier. Il fallait le suivre, l'accompagner, comme un chien suit son maître.

Les petits ruisseaux font les grands fleuves. La nature ultra-concurrentielle de ce marché des opinions pousse aux prises de position les plus radicales. Un peu comme dans une élection politique, où l'on va chercher les extrêmes pour se démarquer et gagner. Un sentiment légèrement positif? Achetez massivement! Un petit doute sur la qualité des résultats publiés? Le marché de hurler : « Profit warning! »

Tout cela est si banal, si institutionnalisé que l'on finit par ne plus s'en rendre compte, et ne plus s'en indigner. Mais les faits sont là : l'organisation des marchés financiers, avec leurs courtiers chasseurs de commissions, donne une prime aux opinions les plus spectaculaires, les plus tranchées, les plus radicales. Car le marché ne se nourrit que d'une chose, finalement : la versatilité des opinions, la volatilité des cours. C'est sa raison d'être. Les analystes financiers ne sont ni plus ni moins que les agents parmi d'autres de cette versatilité.

Mais si les analystes financiers agissent de la sorte, c'est bien parce qu'«on» le leur demande. Et ce « on » a une identité : ce sont les clients des sociétés de Bourse, les investisseurs institutionnels. Les fameux « zinzins ».

CHAPITRE 2

Investisseurs

5 mai 1999, à un jet de pierre du London Stock Exchange, City de Londres

« Ne fais pas l'imbécile, il y a 200 milliards au bout de la table. »

Bigre, en voilà une somme : 200 milliards de livres, 2 000 milliards de francs à l'époque ! Ce matin-là, je traînais mes guêtres du côté de la City, à Londres. J'étais accompagné d'un *sales* britannique de ma société.

J'allais pour la première fois faire une tournée d'investisseurs à Londres. Le prétexte était une note à l'Achat sur TF1. Ma première note, sans doute la plus roborative, accouchée dans la douleur du travail d'apprenti : calculs savants de valorisation, description de la société, perspectives. Le résultat était lourd – 40 pages –, d'une banalité à pleurer (« achetez cette valeur parce qu'elle est moins chère que ses concurrentes »), mais ça plaisait à nos vendeurs britanniques. Instinct grégaire oblige, à Londres, les investisseurs commençaient à s'intéresser aux télévisions du continent (l'Europe) depuis quelques jours, depuis que les valeurs britanniques de télévision, Carlton, Granada, BSkyB, enchaînaient les journées de Bourse à la hausse.

Un peu anxieux, mais très curieux de voir enfin ces investisseurs si puissants, j'accompagnais le vendeur dans une tournée, où nous devions rencontrer ses meilleurs clients. Avec mon étude sous le bras, je lui servais donc de prétexte pour rendre visite à ces fonds de pension, caisses de retraite, assureurs, tous investis sur les marchés actions. C'était le métier de ces gens-là : collecter l'épargne de leurs salariés, de leurs assurés, de leurs retraités ou de leurs clients ayant un compte bancaire chez eux. En France, ils s'appellent AXA, BNP, Société Générale, CNP... En Grande-Bretagne, on retrouve leurs cousins, mais aussi les fonds de pension des sociétés : British Petroleum, British Gas, Tesco... Comme si demain, en France, les Total, Carrefour, EDF-GDF géraient l'épargne de leurs salariés en prévision de leur retraite et la plaçaient en Bourse. Et pour ce faire, ces grandes sociétés font souvent appel à des intermédiaires de gestion, tel celui que j'allais voir ce matin-là.

« 200 milliards de livres ! » Le client que nous allions voir avait donc 200 milliards de livres sous gestion, efficacement collectés auprès des caisses d'épargne, de retraite, et assurances citées plus haut. Premier détail, mais qui a toute son importance : tout cet argent n'est absolument pas la propriété de ce client, mais bien celle de personnes physiques comme vous et moi, salariés d'entreprises privées ou fonctionnaires cotisant pour leurs retraites, retraités, épargnants, etc.

Dans le cab qui nous dirigeait vers ce Titan des marchés, j'essayais de me représenter ce montant. 2 000 milliards de francs ! J'allais parler à Monsieur 2 000 milliards de francs ! De quoi acheter trois fois la plus grosse société française en Bourse, Total. Ou de quoi financer une trentaine d'années de Sécurité sociale française. Le cab s'arrête, nous dépose devant un vague immeuble ni laid ni beau, ni grand ni petit : londonien.

Ce client, appelons-le Futility. C'est l'un des vingt plus grands investisseurs au monde. Est-ce un fonds de pension américain, une caisse de retraite britannique, une banque suisse, japonaise, une compagnie d'assurances française ? Peu importe : ils se ressemblent tous, dans leur mode de fonctionnement, leurs codes et leurs langages. Futility serait en quelque sorte cet investisseur imaginaire, synthèse de tous ces grands acteurs de la gestion d'actifs dans le monde que j'ai eu la chance d'approcher pendant six ans [1].

Réception. Ascenseur. Salle de réunion. Café et biscuits de rigueur. Pendant que nous attendions l'homme qui valait 2 000 milliards de francs, le vendeur essaie de faire baisser mon niveau d'angoisse. « Ne t'en fais pas, tu verras, *he is a very decent guy*. Il est très exigeant, mais il paye bien. Il ne connaît pas TF1, trop petit pour lui : le terrain est vierge. Si tu es bon, il ne te lâchera plus. »

---

1. Faut-il préciser que le « Futility » de ce livre ne ressemble en rien au groupe Fidelity, dans la vie réelle, qui est justement un modèle de rigueur et d'efficacité – l'un des rares fonds d'investissement à être sorti indemne du scandale des *mutual funds* aux Etats-Unis.

Il aurait mieux fait de se taire, le vendeur. J'allais reprendre le sixième café de la matinée, pour compenser un réveil à 5 heures du matin, traversée de la Manche oblige, lorsque la porte s'ouvrit.

Grosse déception. On m'avait annoncé un George Soros, un Rockefeller de la finance des années 90, un mur d'argent, une puissance financière inexpugnable. Arrive un petit bonhomme d'une vingtaine d'années, boutons de manchettes et sur le visage, chemise blanche sortie du pantalon, pas de cravate. Serait-ce le préposé aux cafés ? Pas du tout, les cafés sont déjà sur la table. Un clerc de notaire, tout frais émoulu de la faculté, qui se serait trompé d'étage ? Un stagiaire, venant remplacer au pied levé le Maître annoncé ? Nenni.

C'était bien lui, John, appelons-le Benchmark [1] Junior. John Benchmark Junior, 24 ans et des poussières, est l'analyste gérant *buy-side* de Futility pour les médias.

Les analystes *buy-side* sont des analystes silencieux. A la différence des analystes sell-side, commerçants de sociétés de Bourse, dont je fus, les buy-side n'ont pas pour fonction de produire, de communiquer et de faire partager des opinions ou des recommandations d'investissement dans le marché. Leur mission est de collecter le travail des sell-side pour le retraiter en interne, à usage exclusif de l'institution financière qui les emploie, et qui investit de l'argent sur les marchés (*to buy* = acheter).

---

1. Benchmark : indice boursier de référence dans le langage de la finance.

Ce travail de synthèse peut paraître ingrat de prime abord. Il semble en tout cas suffisamment important pour que les gérants, ceux qui appuient sur le bouton de la décision d'investissement, se reposent toujours plus sur ces travaux avant de choisir d'acheter ou de vendre des titres en Bourse.

En résumé, les analystes buy-side émettent des recommandations d'investissement sur la base des travaux déjà effectués par les analystes sell-side des sociétés de Bourse. Les gérants sont libres de suivre ou non l'avis de leurs analystes buy-side. Dans la très grande majorité des cas, les gérants suivent la recommandation du buy-side. Par prudence. S'ils suivent la recommandation et qu'elle est bonne, ils sauront en retirer tout le bénéfice pour eux-mêmes. S'ils la suivent, et qu'elle est mauvaise, ils sauront blâmer le buy-side, qui ira transmettre le blâme aux sell-side qui l'ont nourri. En revanche, si le gérant ne suit pas la recommandation du buy-side, et qu'il prenne seul une mauvaise décision d'investissement, il n'est plus couvert. Il est seul. Il est déjà sorti du marché. Il peut faire ses valises.

Le processus de décision d'investissement sur les marchés est limpide : il suffit de suivre, ou de se raccrocher à la recommandation déjà émise par quelqu'un d'autre.

Comme les analystes sell-side, les analystes buy-side sont spécialisés par secteur. Ce sont donc des prescripteurs lourds sur les marchés.

Ainsi de John Benchmark. Ces dernières années, il a été successivement ou simultanément l'un des tout

premiers actionnaires de Publicis, Lagardère, Havas...
En tout cas, c'est lui qui a fait prendre à son institution
la décision d'acheter puis de vendre ces participations.
Ce matin, M. Benchmark Junior est en retard et
semble pressé. « Bon, j'ai 25 minutes à vous accorder,
vous comprenez, tout à l'heure Tony Ball vient me
voir, donc faites vite. »
Je suis agacé, mais impressionné. Tony Ball, c'est le
patron de BSkyB, le Canal+ britannique, qui vaut
autour de 15 milliards d'euros aujourd'hui. Je regarde
mon client.
Le garçon était clairement plus jeune que moi. Son
allure débraillée me mit en confiance :
« *Hi John* », lançai-je
Il ne répondit rien, me toisa du regard. Je pus lire
dans ses yeux : « *I beg your pardon. Have we been
introduced?* » (Je vous demande pardon. Avons-nous
été présentés?)
Cela commençait mal. « *So, you cover... French
média, don't you?* » (Alors, comme ça vous couvrez...
les médias en France, c'est cela?) « Oui, et aussi les
médias en Europe. » « Très bien, alors je suppose (*I
suppose*) que vous allez m'apprendre plein de choses
sur BSkyB? »
Comment un être aussi microbien, dont je devais
apprendre plus tard que la chevalière qu'il arborait fiè-
rement au petit doigt était aussi fausse que son passé
estudiantin à Oxbridge, pouvait-il prendre les gens
d'aussi haut? Le voilà qui cherchait à me piéger sur
ma connaissance du marché britannique, alors qu'il
savait pertinemment que je venais lui parler de médias
français.

Mon vendeur décida d'intervenir pour me tirer de ce mauvais pas : « Heu, John, en fait, Edouard venait te voir pour te parler de sa dernière étude sur TF1... »
Benchmark Junior ne me donne pas le temps de déployer mes arguments :
« TF1 ? Ça fait quoi, ça ?
— De la télévision commerciale. Ils sont leaders sur leur marché, avec 54 % de parts de marché...
— OK, je comprends. Et, ça représente quoi, dans les indices boursiers ?
— Euh... je ne sais pas. »
Silence crispé dans la salle. Le vendeur vient à ma rescousse. « Ils ont une capitalisation boursière de plus de 4 milliards d'euros, soit 3 % de l'indice européen des médias. » Je juge utile de rajouter :
« C'est la deuxième plus grosse valeur boursière des médias en France. »
Gêne autour de la table.
« Désolé, je ne fais pas la France, je suis paneuropéen. OK ? 3 % de l'indice, ce n'est pas beaucoup. Je suis à neutre sur TF1.
— Ça ne vous intéresse pas ?
— Si, j'en ai, mais pour 3 % de mon portefeuille, en ligne avec son poids dans les indices.
— John, je te prie d'excuser Edouard, il vient de nous rejoindre. (Se tournant vers moi) Edouard, Futility mesure sa performance par rapport à celle des grands indices européens. Donc, ils sont obligés d'être actionnaires de toutes les valeurs de l'indice, pour dupliquer plus ou moins sa performance. Par exemple, si tu es à l'Achat sur TF1, ça veut dire que tu essaies

de convaincre John d'avoir non pas 3 % de son porte-feuille investi en TF1, mais peut-être 3,1, 3,2 ou 3,3 %. *Understand?* »

Understand! M. Benchmark Junior n'avait rien à faire des audiences, du chiffre d'affaires, des résultats de TF1. Son seul intérêt, c'était le poids de TF1 dans les indices. TF1 « pèse » 3 % de l'indice boursier des valeurs médias européennes ? Alors, pour 100 euros investis dans tous les groupes cotés de médias en Europe, M. Benchmark Junior en mettrait environ 3 sur TF1 : 2,9 s'il veut « sous-pondérer », c'est-à-dire s'il a une mauvaise opinion de cette valeur. Ou 3,1 si son opinion est positive, et s'il veut donc « sur-pondérer » TF1 dans son portefeuille.

C'est comme cela que les grandes gestions collectives fonctionnent, et pas autrement. Qu'elles abhorrent une valeur, peu importe : afin de ne pas trop dévier de l'indice, elles sont obligées d'en avoir à due proportion. Qu'elles soient très enthousiastes sur une autre, à quoi bon : cet enthousiasme est lui aussi plafonné au poids de la valeur dans l'indice.

C'est un métier finalement assez simple. L'instinct grégaire y est un mode de fonctionnement assumé, théorisé, calculé.

Ce jour-là, j'ai compris le vrai métier de mes clients investisseurs, façon Futility. Ils ne sont pas de vrais investisseurs, libres de choisir les valeurs qu'ils ont sélectionnées, après un processus de décision intel-ligent, réfléchi, décidé. Ce sont des accompagnateurs d'indices boursiers, payés des fortunes (en moyenne 1,58 % de frais de gestion – source Eurogroupe ; sur les 200 milliards de livres gérés par ce Futility, ça fait plus de 3 milliards de livres chaque année !) pour copier plus ou moins bien les performances du CAC40 et des autres indices européens : Footse, DAX, Eurostoxx. Le CAC40 baisse de plus de 20 % en 2001 ? S'ils font − 19 %, c'est une très bonne année. On parle de « surperformance » de 1 point : l'intermédiaire de gestion peut s'afficher dans les meilleurs palmarès de la profession. Le CAC40 fait + 7 % en 2004 ? Malheur aux losers qui auront signé un simple + 5 %. C'est une « sous-performance » de deux points. Le bannissement, en quelque sorte.

Pour couronner le tout, et pour ajouter le ridicule à l'inutile, ces investisseurs ont la bougeotte ! Ce sont des zappeurs, bougeant frénétiquement leurs investissements au gré des variations du marché. Tenir une position dans la durée, comme on tiendrait sur un champ de bataille, c'est un truc de militaires, de paysans. La mobilité, voilà qui est vraiment moderne.

Les statistiques sont sans appel dans ce domaine. D'après une enquête de l'Observatoire de la finance parue en 2002, et appuyant ses travaux sur des données de Standard & Poors et de la Banque mondiale, le taux de rotation des actions détenues par les investisseurs dans le monde était de 0,3 au début des années 1980. En clair : les investisseurs conservaient leurs actions pour une durée moyenne de plus de trois ans. Vingt ans après, ce taux de rotation a été multiplié par 5, suggérant qu'au début des années 2000, les investisseurs mondiaux détenaient des actions de sociétés pendant sept à huit mois en moyenne. Avec l'émergence et le développement rapide des *hedge funds*, ces fonds spéculatifs autrement plus versatiles que les investisseurs classiques, il serait étonnant que cette durée moyenne se soit améliorée depuis. Est-elle de six mois, quatre mois, un trimestre, plusieurs semaines ? Qui le sait vraiment ?

La seule chose que je sache pour l'avoir vue quotidiennement, c'est que les investisseurs passent l'essentiel de leur temps à zapper, le doigt prêt à appuyer sur deux boutons, et deux seulement : le bouton vert pour Achat, le bouton rouge pour Vente. Ces boutons, ils n'ont pas cessé de les appuyer alternativement, parfois simultanément (« acheté vendu »), toujours frénétiquement, pour le plus grand bonheur... des sociétés de Bourse, qui récupèrent leurs commissions à chaque mouvement.

Pourquoi pas, si tout le monde est content avec ce système-là ?

Le premier problème, et nous le verrons par la suite, est que ces comportements irrationnels, versatiles et brutaux sont dangereux pour nos entreprises et nos économies.

Le second problème, c'est que ces investisseurs zappeurs ressemblent de plus en plus à des adolescents jouant compulsivement à des jeux d'arcade. Or, saviez-vous que ce sont les épargnants, vous et moi, qui mettent leur argent, leurs pièces dans la fente de ces machines bizarres et dispendieuses ?

Ces joueurs d'arcades frénétiques, ces investisseurs fébriles, nous les croiserons au fil du récit : ce sont eux les vrais héros de ces dernières années de bulle et de crise financière. Des héros méconnus.

Ce n'est pas le moindre des paradoxes de la crise financière actuelle : des milliers de milliards d'euros auront été dilapidés dans la bulle financière du tournant du siècle. Et pourtant, les premiers responsables de cet appauvrissement, ces investisseurs, n'en ont jamais payé la note.

Tout le monde en a pris pour son grade, dans la crise financière actuelle. L'on accusait, à tour de rôle : des dirigeants incapables ou surpayés, ou les deux ; des administrateurs séniles ou assoupis, ou les deux ; des analystes incompétents ou vendus à leurs banques d'affaires, ou les deux ; des auditeurs maquillant les comptes de leurs commanditaires pour renouveler leurs contrats ; des banquiers d'affaires pousse-au-crime, des journalistes qui n'y connaissent rien, etc.

Toutes ces critiques épargnent comme par miracle les investisseurs, responsables en chef de la crise des marchés. Ce sont eux, et eux seuls, qui achètent et vendent des actions par dizaines de milliards d'euros chaque jour.

Ces professionnels méconnus du grand public méritaient que l'on s'intéresse enfin à eux. C'est l'un des objectifs de ce livre.

Mais que ces zappeurs se rassurent : ce livre est aussi pour eux. Ces intermédiaires de gestion, souvent intellectuellement brillants et professionnellement irréprochables, j'en ai vu tellement s'ennuyer à mourir à force de faire un travail que pourrait effectuer un automate. Se gargarisant au-dehors des sommes mirobolantes qu'ils étaient censés gérer. Et déprimant au-dedans, ne sachant plus très bien si toute leur énergie faisait avancer le schmilblick, ou si ce dernier avançait tout seul.

Quoi de plus déprimant en effet que d'être payé à répliquer plus ou moins bien des décisions qu'un bon logiciel informatique ferait tout seul ? Quoi de plus usant que d'être tous les matins aux aguets, à suivre les mouvements erratiques de tous les indices boursiers et à devoir recaler chaque jour ses choix d'investissement sur ceux du voisin.

Il n'est d'ailleurs pas anodin que, ces dernières années, les meilleurs gérants de la place de Paris aient déserté en masse les grandes institutions pour aller gérer des fonds plus petits, mais de façon plus libre et donc plus efficace. Dans ces petites et moyennes structures entrepreneuriales où les gérants sont obligés d'investir une part non négligeable de leur patrimoine personnel, il n'y a pas de temps et d'argent à perdre avec les indices, *benchmarks* et autres fausses valeurs : seule compte la performance absolue, l'argent gagné ou perdu à la fin de l'exercice. Les paris boursiers sont pris, les positions tenues sur le long terme. Ce qui rend les courtiers très malheureux, puisque les ordres de Bourse provenant de ces sociétés sont distribués avec parcimonie.

Mais ces acteurs restent marginaux en termes de fonds gérés. L'essentiel du marché demeure dans les mains des très grandes gestions emprisonnées dans leur logique passive et grégaire.

Pour ne pas être identifié comme tel, ce système aliénant et aberrant s'est constitué un corpus idéologique, des références, des théories, pour qu'on le prenne au sérieux et qu'il s'impose aux non-initiés. Cette philosophie dogmatique a son propre langage, ses codes, sa hiérarchie. Cette religion sectaire semble avoir pris le pouvoir sur les marchés : c'est la secte de la création de valeur.

« Est-ce que vous comptez créer beaucoup de valeur cette
année ? »

Nous ne sommes plus chez Futility, mais chez son
cousin de province, son *me-too* français. Appelons-le
Périgord Asset Management. C'est un groupe d'assurances, ou une banque, ou une mutuelle, une caisse de
retraite. Une vingtaine de milliards d'euros sous gestion. 130 milliards de francs. Cette conversion permet
de retrouver des repères financiers que nous semblons
avoir égarés en 2000. La simultanéité de la bulle internet et du passage à l'euro n'a pas aidé, de ce point de
vue. L'inflation, dans les esprits comme sur les éti-
quettes, pouvait avancer masquée.

Chez Périgord Asset Management, on fait les choses
sérieusement : on essaie donc de copier tous les stan-
dards de Futility, depuis les codes vestimentaires
jusqu'à la politique d'investissement.

Les organisations de Périgord Asset Management et
de Futility sont identiques : des effectifs pléthoriques,
répartis entre les gérants, qui gèrent, les analystes buy-
side, qui font des analyses internes sur les secteurs qui
leur sont confiés, et les stratégistes, *chief investment*

58

officer, traders, risk managers... Une armée de talents, aux titres ronflants et anglo-saxons (*buy side, strategist* au lieu de stratège, *chief investment officer*, etc.), tellement bien organisée que toute prise de risque, toute initiative individuelle y est proscrite.

Là où Périgord Asset Management singe le mieux les Futility de Londres et de New York, c'est dans le langage et les maniements de concepts. Fini, le résultat d'exploitation : place à l'EBIT (*Earnings Before Interest and Tax*)! Dehors, le coût du capital, le retour sur investissement, le rendement : voici venu le temps de la WACC (*Weighted Average Cost of Capital*), du ROCE (*Return On Capital Employed*) et du *yield*.

Et ne faites pas trop les malins avec vos titres, messieurs les présidents-directeurs généraux, les directeurs financiers et autres ambitieux directeurs généraux adjoints. Vous n'êtes rien d'autre que des trigrammes, des sigles à trois lettres si facilement interchangeables, des lilliputiens CEO (*Chief Executive Officer*), CFO (*Chief Financial Officer*) et COO (*Chief Operating Officer*).

Quand on change de langue, en abdiquant la sienne pour celle des autres, l'on change d'univers. De références. De concepts. On est prêt pour tous les contresens, toutes les erreurs de traduction, toutes les bourdes. Et l'on finit par foncer droit dans le mur en klaxonnant. Et en roulant à gauche. A l'anglaise.

« Quand un peuple tombe en esclavage, tant qu'il tient bien sa langue, c'est comme s'il tenait la clé de sa prison », écrivait Alphonse Daudet dans *La Dernière Classe – Récit d'un petit Alsacien*.

* * *

« Est-ce que vous comptez créer beaucoup de valeur cette année ? »

Augustin Brongniart est sans doute trop occupé à engloutir les dépêches financières d'agences anglo-saxonnes pour lire Alphonse Daudet.

Augustin Brongniart, analyste buy-side de Périgord Asset Management sur les valeurs Telecoms Médias Telecommunications, rêverait de ressembler à son homologue de la City, John Benchmark Junior. Ce faisant, il aurait plus de cheveux au sommet de son crâne, rajouterait un zéro à son salaire, soustrairait une décennie à son âge, et terminerait ses journées au pub à 17 heures au lieu de prendre le RER vers les 20 heures pour rentrer chez lui regarder la météo à la télévision pendant que la courageuse Mme Brongniart termine de faire dîner les petits Brongniart. Ainsi, pour faire comme John Benchmark Junior, il s'interroge sur la « création de valeur ».

La question n'est pas pour moi, mais pour ce directeur financier d'un groupe français de médias, que je suis venu présenter à Augustin Brongniart. C'est une autre facette de mon métier : organiser des rendez-vous entre des dirigeants d'entreprises et mes clients.

Les clients adorent ces rencontres, qui se traduisent toujours, directement le lendemain ou indirectement par un système de votes, par des commissions pour la société de bourse organisatrice. Ces rendez-vous s'appellent des *one-on-ones*, que l'on pourrait littéralement traduire par « un sur un », ou « l'un sur l'autre » si nous étions dans des industries plus ludiques. Ou plus horizontales.

J'échange un regard avec ce directeur financier assez intimidant, que j'ai persuadé de venir rencontrer Périgord Asset Management, pour leur expliquer la stratégie et les chiffres de sa société, sur laquelle j'étais alors à l'Achat. Nous manquons d'éclater de rire. Sur le trajet, je lui avais esquissé un profil d'Augustin Brongniart : « Très rigoureux, porte une grande attention aux chiffres, aux détails... approche à l'américaine... conserve ses titres en moyenne 10 mois, donc à ranger dans la catégorie des investisseurs long terme. » Je regarde le directeur financier soupirer de lassitude. Quelle perte de temps pour lui ! Il gère les finances d'un groupe employant des milliers de personnes dans le monde. La puissance de feu de sa direction financière se chiffre en centaines de millions d'euros. Tout ce que la place de Paris compte de banquiers d'affaires fait le siège de son bureau tous les matins. Mais on me disait qu'il avait beaucoup d'humour. Je tentais donc ma chance, quelques minutes avant le rendez-vous :

« Vous verrez, c'est un maniaque de la création de valeur. Il la sort à tout bout de champ. Je vous parie qu'il va vous interroger là-dessus dans ses trois premières questions.

— Pari tenu. S'il n'en parle pas, vous m'écrivez cinq fois " création de valeur " dans votre prochaine étude sur nous. Et s'il en parle (il réfléchit un instant)... je vous félicite. »

Je devais gagner ce pari-là. Au bout de la deuxième question, Augustin Brongniart se vautrait dans le contresens de la création de valeur, à l'instar de la plupart de ses homologues de la place de Paris.

« Et... est-ce que vous comptez créer beaucoup de valeur cette année ? »

Je regarde Augustin Brongniart. Sa calvitie naissante lui donnait un air sérieux, qui cachait une réelle indigence : il était connu pour ne jamais préparer ses rendez-vous, se contentant de débiter la douzaine de questions que ses brokers avaient préparées pour lui. Cela fait aussi partie du métier de courtier.

J'aime bien Augustin Brongniart. Sa paresse naturelle le rend si humain, si normal. Ce que je n'aime pas du tout chez lui, en revanche, c'est cette arrogance avec laquelle il toise le reste de l'humanité en général, et les dirigeants d'entreprises en particulier. Comme un maître face à ses élèves besogneux.

« Alors, mon petit, j'ai vu ton carnet de notes, dis donc. Pas terrible, la création de valeur, ce trimestre, hmm ? Si ça continue, je te prive de stock-options. »

Ce qu'Augustin Brongniart ne savait pas, c'est que sa création de valeur n'est qu'une erreur de traduction. En français, cette expression a une visée prométhéenne. Qui donc crée de la valeur, à part les dieux ? Dans notre langue, on peut dire que telle personne, tel objet « a » de la valeur. Il arrive aussi que l'on « hérite » de valeurs qui nous précédaient. Mais la création de valeur, ex nihilo, mazette ! Serions-nous puissants à ce point, sur les marchés, que nous créerions de la valeur, des valeurs, sans le savoir explicitement ?

Augustin Brongniart faisait partie de ces nombreux Monsieur Jourdain de la création de valeur. Il ne se demandait pas si l'entreprise concernée avait réalisé des profits cette année-là : ils se chiffraient à près d'un milliard de francs. Il ne se demandait pas non plus si les actionnaires avaient reçu des dividendes (plus de 100 millions d'euros, soit un rendement supérieur à 3 %, très honorable). Il était déjà au-delà de ces ennuyeuses réalités terrestres et comptables. Il était dans le champ élyséen de la création de valeur.

La création de valeur vient d'une expression anglo-saxonne : *to create value for the shareholders*, littéralement et bêtement traduite en français par « créer de la valeur pour les actionnaires ». Mais, en fait, *to create value for the shareholders* vient d'un concept beaucoup moins démiurgique, beaucoup plus prosaïque, qui est le *shareholders' value*. Ce qui signifie... les fonds propres qui reviennent à l'actionnaire !

En six années d'analyse financière, je me suis aperçu que la plupart des gigantesques erreurs d'appréciation des investisseurs, et des entreprises qui auront trop joué le jeu de ces derniers, ne provenaient pas de chiffres mal audités, mal calculés ou mal interprétés, mais de mots mal employés, mal formulés, mal compris.

La création de valeur est une formidable baudruche intellectuelle, une figure de style pour faire chic, et qui a éclipsé la base de la finance : les fonds propres, le retour sur fonds propres, la rentabilité. Et la prise en compte du risque, le risque assumé.

La secte de la création de valeur, comme toute Eglise qui se respecte, avait, et a toujours chez quelques irréductibles, un corpus dogmatique plus poussé que cette simple expression. En résumé, elle cherche à mesurer l'accroissement des fonds propres d'une entreprise par un calcul savant comparant le retour sur les capitaux employés par l'entreprise avec le coût d'utilisation de ces capitaux. Il est temps de parler des gros bêtas de la finance moderne.

CHAPITRE 3

Sous-jacents et gros bêtas

« Nous avons beaucoup d'appétit pour les gros bêtas. »

Plaît-il ? Même prononcée en anglais, comme vient de le faire mon interlocuteur, gérant d'un *hedge fund* dans le Connecticut, entre New York et Boston, la phrase est inquiétante : *We have appetit for large beta* (prononcer bita).

Je regarde le vendeur qui m'accompagne. 120 kilos. Un garçon sans concessions, qui ne transigeait jamais avec la nourriture : régime draconien à base de bières Budweiser, de milk-shakes à la banane et de Kentucky Fried Chickens. Et si c'était lui, le gros bêta appétissant qui semble faire saliver mon client investisseur ? Cette probabilité est d'autant plus élevée que le QI de mon chaperon vendeur approche les niveaux de cours d'Eurotunnel.

J'imagine mon bon et grassouillet vendeur en train de prendre un petit bain-marie dans la marmite de cet investisseur cannibale, et cette vision me remplit de bonheur. J'en ai besoin. Cette tournée d'investisseurs américains avait plutôt bien démarré. Je voyais à New York, Boston, Toronto, des investisseurs « classiques », me demandant des nouvelles du chiffre d'affaires de NRJ, des marges de Lagardère, de la croissance de M6... Je leur en donnais volontiers.

Mais subitement, depuis quelques heures où nous sillonnions le Connecticut, pépinière de *hedge funds* américains attirés par une kyrielle d'avantages fiscaux, j'avais l'impression de découvrir un nouveau monde. Mes interlocuteurs avaient changé. Beaucoup plus agressifs. Leurs bureaux ressemblaient, non pas à de vastes salles de marchés avec de belles salles de réunion proprettes autour, mais à des ruches installées dans des hangars, parfois des sous-sols.

Et leur langage ! Incompréhensible. Une mélopée de mots, d'abréviations prononcées comme des formules magiques : *long, short, beta, tunnel, market neutral, market bias*, etc.

Bienvenue dans le monde des *hedge funds*. En anglais, *to hedge* veut dire se protéger, se couvrir. Le principe des hedge funds est bien celui-là : se couvrir, se prémunir contre toute évolution « non sollicitée » d'un marché. Compliqué ? Non, très simple. Par exemple, si un hedge a envie d'acheter des actions Mediaset (les télévisions italiennes de M. Berlusconi), parce qu'il aime bien la télévision, ou qu'il a confiance dans les perspectives de l'économie italienne, il va faire deux investissements en Bourse. Il va acheter des actions Mediaset et, par exemple, vendre des actions Rinascente » (le Carrefour italien) au cas où l'économie italienne irait mal, ou vendre des actions TF1, ou

Carlton en Grande-Bretagne, au cas où le secteur des télévisions commerciales perdrait les faveurs des investisseurs.

Un hedge fund, pour une société de Bourse, c'est le bonheur assuré : c'est un investisseur hyperactif, qui n'arrête pas de changer de positions. En plus, quand il fait un investissement, la position est double : à l'achat et à la vente ! Les multipositions des hedge funds, c'est le kamasutra de la Bourse.

Le hedge fund a d'autres particularités, bien connues depuis qu'un membre de cette espèce récente, le fonds LTCM (*Long Term Capital Management*), a failli dynamiter le système financier mondial en septembre 1998. Une de ses particularités est le levier, un terme hydraulique pour signifier que ces fonds misent 10, 20, 100 fois plus que leur propre investissement initial, grâce à de l'endettement. Personne sur les marchés n'est d'ailleurs en mesure de chiffrer exactement le niveau de ces endettements. On le sait toujours trop tard, quand la catastrophe arrive.

Ainsi du fonds LTCM qui, à l'époque, n'affichait « que » 8 milliards d'euros sous gestion, mais qui était en fait exposé à hauteur de 200 milliards d'euros sur les marchés, s'étant endetté 25 fois plus que les capitaux qui lui avaient été confiés. Ses clients institutionnels avaient pignon sur rue : grandes banques, compagnies d'assurances, et même des banques centrales (la Banque centrale italienne).

A l'été 1998, le fonds LTCM investit massivement dans les emprunts russes. Manque de chance, la Russie dévalue tout aussi massivement le rouble le 17 août et

67

suspend le remboursement de ses obligations d'Etat. Patatras. LTCM est en faillite technique. Traduction : elle ne peut plus rembourser à ses investisseurs et emprunteurs les 200 milliards de dollars que ce fonds misait sur les marchés. 200 milliards de dollars, c'est beaucoup d'argent, même quand on entend gérer ses capitaux sur le long terme (LTCM : *Long Term Capital Management*). Invoquant des périls graves pour les économies du monde, « et notamment celle des Etats-Unis », le patron de la Banque centrale américaine, M. Greenspan, oblige une douzaine de banques à réinjecter près de 4 milliards de dollars dans LTCM, pour éviter une chaîne de défaut de paiements.

Ce qui est ennuyeux avec les marchés financiers, c'est qu'ils n'ont pas de mémoire. Aujourd'hui, les plus grands hedge funds (Caxton, GLG, Citadel, etc.) gèrent plus de 10 milliards d'euros chacun (les dix premiers gérant plus de 100 milliards d'euros). Personne ne peut dire si leur levier est de 20, 30, 50, 100, 200 fois leur mise. Personne n'est à même de contrôler ou de limiter ces montants investis. Et cela au nom d'un faux libéralisme, et d'un vrai laxisme, ou je-m'en-foutisme des opérateurs de marché. Certains arrivent encore à le théoriser, ressortant de leurs vieux cours d'économie la thèse de la « main invisible » d'Adam Smith. Cette main divine, invisible et bienveillante, qui justifie le laisser-faire économique.

Pourquoi pas. C'est un peu désagréable que cette main invisible se croie obligée de coller à l'aveuglette de vraies beignes aux investisseurs et épargnants trop dociles et toujours prêts à retenter leur chance sur les marchés. Il est dommage de devoir attendre l'explosion d'un LTCM II pour espérer une hypothétique prise de conscience de ce dysfonctionnement majeur.

Mais l'autre particularité de ces fonds, c'est qu'ils ne peuvent travailler que sur des actions dont les volumes échangés quotidiennement sont aussi importants que la volatilité. Volatilité. Le mot est lâché. D'après le Petit Robert, la volatilité est « la propriété de ce qui est volatil », de ce qui « passe spontanément ou facilement à l'état de vapeur ». La volatilité est donc littéralement « l'aptitude à se vaporiser ». Or, la volatilité d'un cours de Bourse est mesurée par un coefficient de la prime de risque, que l'on appelle... le bêta ! Sauvés ! L'appétit de mon client du Connecticut allait non pas vers les chairs boudinées du vendeur, mais vers les valeurs les plus volatiles, les plus versatiles en Bourse. C'est avec elles qu'il peut gagner – ou perdre – beaucoup d'argent. Pas avec des valeurs stables, qui offrent très peu de possibilités de gains, de jeu.

Vivent les gros Bêtas ! Voilà qui devrait rendre la haute finance mondiale plus humaine, plus sympathique.

Pas si sûr. Ce dogme des gros Bêtas, prisés par les courtiers et les hedge funds, a coûté très cher aux épargnants du monde entier depuis 1998. Il est l'un des piliers de la nouvelle foi dans la création de valeur.

Dans un français courant, cette erreur de jugement se traduirait de la façon suivante. Pour mesurer leur création de valeur chaque année, les entreprises

69

devaient prendre en compte le coût de leurs capitaux employés, composés à la fois de fonds propres et de dette financière. Plus le coût des capitaux employés, nécessaires au fonctionnement des entreprises, était élevé, plus ces entreprises devaient produire de résultats.

Or, à la fin des années 1990, le coût des fonds propres des entreprises cotées en Bourse devenait très élevé, notamment à cause de la volatilité des actions, mesurées par le Bêta.

A l'inverse, les taux d'intérêt dans le monde ne cessaient de baisser, jusqu'à atteindre des niveaux absurdes, notamment parce que les taux d'intérêts réels (après prise en compte de l'inflation) devenaient quasiment nuls ou négatifs ! Miracle de la finance moderne : plus vous empruntez d'argent, plus vous devenez riches.

Les Suez, France Telecom, Rhodia, Infogrames et tous les autres se ruèrent dans cette fabuleuse martingale. En oubliant qu'au bout du compte, gros bêta, petit bêta ou bêta moyen, il faut malgré tout rembourser ses dettes un jour.

Dans cette fable de la création de valeur, personne ne mourut, mais tous furent frappés. Surtout les épargnants.

A quelques exceptions près de fraude ou de mauvaise gestion, les désastres financiers de ces dernières années pourraient presque tous s'expliquer par cette gigantesque erreur de jugement, partagée par la quasi-totalité des acteurs du marché.

Il a suffi de bien peu de choses : des taux d'intérêt trop faibles (faisant oublier la réalité de la charge financière des emprunts), une volatilité élevée des actions, des banquiers imprudents, un habillage idéologique et sémantique séduisant. Et la bulle fut. Il faut ici se demander qui est sorti indemne de la bulle, et pourquoi. Je ne vois qu'un seul grand gagnant, finalement : les banques. Les banques commerciales se sont massivement enrichies pendant ces années de bulle financière. Elles n'ont jamais été aussi riches et rentables qu'aujourd'hui. Elles n'ont pas cessé de prêter un argent à très faible coût, à des entreprises aux appétits et aux crédits illimités.

Aux entreprises uniquement ? Et les particuliers ? Sans nécessairement prédire de krach immobilier imminent, il est séduisant d'appliquer ce raisonnement d'incitation au surendettement des entreprises, au nom de la création de valeur, aux particuliers avec leurs biens immobiliers.

Ces dernières années, votre banquier n'a eu de cesse de vous le répéter : « Les taux d'intérêt sont historiquement bas. C'est le moment de s'endetter pour agrandir sa résidence principale, ou s'acheter une résidence secondaire, ou les deux. » Et vous vous êtes endettés, fortement et sur le long terme. Certaines banques accordent aujourd'hui des remboursements étalés sur plus de trente ans ! Pourquoi pas un siècle, en anticipant sur l'allongement de l'espérance de vie de leurs clients ?

Or, cet afflux d'argent est venu se loger en masse sur une seule classe d'actifs : l'immobilier. Le mouvement s'est d'ailleurs accéléré après l'explosion de la bulle internet, la pierre apparaissant comme la seule valeur refuge. Le résultat ne s'est pas fait attendre : une inflation du prix de l'immobilier à couper le souffle. Les derniers chiffres disponibles sur le marché français sont assez étonnants : alors que le pouvoir d'achat des Français stagne depuis quelques années, que les prix de l'essence, du gaz, de l'électricité sont annoncés en forte hausse, et que la croissance économique donne des signes d'essoufflement, les prix de l'immobilier défient les lois de la gravité, ayant augmenté de 48 % depuis 2002 (et de 88 % depuis 1998 – source : FNAIM – prix de l'immobilier ancien).

Certes, un logement est plus utile qu'un portail internet qui ne verra jamais le jour. Il demeure que la flambée des prix y est tout à fait comparable.

Après tout, pourquoi pas ? Tout le monde est gagnant dans cette inflation-là. Les particuliers voient la valeur de leur bien augmenter, quelles que soient les difficultés économiques du moment (chômage, crises internationales, déficits budgétaires massifs, concurrence des économies asiatiques, délocalisations...). Les banques récupèrent chaque mois les mensualités des particuliers. Et les professionnels de l'immobilier, vendeurs, notaires, experts, géomètres... font fortune à vitesse grand V. De quoi se plaint-on ?

Il faut aujourd'hui débourser en moyenne 3,9 années de salaire pour s'offrir un logement, contre 2,9 années il y a dix ans (source : FNAIM).

« Pourvu que ça dure », comme disait la maman de Napoléon. Que se passe-t-il le jour où l'argent ne rentre plus ? Le jour où la conjoncture devient vraiment plus difficile ? Le jour où l'on perd son emploi, ce qui, en France, est une probabilité tangible et mesurable : plus d'un actif sur dix est actuellement au chômage.

Ce jour-là, une fois encore, les seuls agents économiques à sortir indemnes voire renforcés de la crise, ce sont... les banques, qui récupéreront l'actif que vous ne serez plus en mesure de rembourser.

On devrait tous être banquiers. Voilà une des leçons possibles de la bulle internet d'hier. Et de la bulle immobilière d'aujourd'hui.

« Sous-jacent à deux balles. On n'a rien à faire avec. »

Dans une société de Bourse, les rois du pétrole ne sont ni les analystes, ni les vendeurs, ni les traders sur marchés actions. Ce sont les « dérivés ». Les « dérivés » sont cette population de gens de marché, qui fabriquent et commercialisent des produits dérivés à partir des actions cotées sur le marché. Un produit « dérivés » actions est un produit financier qui « dérive », qui provient d'une souche principale : les actions.

Ainsi, à partir de n'importe quel titre du CAC40 ou d'ailleurs, pour peu qu'il soit gros, liquide (beaucoup de volumes échangés chaque jour) et très travaillé (très volatil, avec un bon gros bêta), les gens des dérivés fabriquent des options, des warrants, des convertibles, des *reverse convertibles*, des OCABSA, des swaps, des puts, des calls, des ORA. En attendant les ORAPAS et les contreputs. La liste est longue et approximative.

Certains de ces produits structurés sont d'une complexité telle qu'elle semble parfois voulue. Les mauvaises langues persiflent que ces produits à très forte marge, uniquement compris de leurs acheteurs et de leurs vendeurs – soit deux personnes dans certains cas –, sont des paravents idéaux pour organiser toutes sortes de trafics, l'optimisation fiscale à outrance étant une option particulièrement populaire.

Je mets d'ailleurs au défi n'importe lequel des dirigeants des vingt premières banques européennes d'être capable de comprendre, et accessoirement de faire comprendre à ses administrateurs et actionnaires, ce qui se passe exactement dans ces boîtes noires de l'industrie financière que sont les départements d'ingénierie financière et de produits dérivés des grandes banques. La seule chose qu'ils comprennent et qu'ils apprécient, c'est la capacité de ces départements à générer des niveaux de commissions hallucinants pouvant représenter jusqu'au tiers de l'activité de banque de financement et d'investissement des plus grands établissements européens.

Ce matin-là, nous sommes à l'hiver 1999-2000, et je viens de relever ma recommandation et mon objectif de cours sur M6. Sans faire de jugement de valeur déplacé, rappelons simplement que M6, qui est une création de chaîne et pas le fruit d'une privatisation, est l'une des télévisions commerciales les plus rentables en Europe. La « petite chaîne qui monte » n'a pas encore réussi son coup d'éclat avec Loft Story, ouvrant en pionnier le marché français de la télé-réalité. Mais elle continue de s'apprécier en valeur, d'année en année, depuis son introduction en Bourse.

Seulement, voilà, M6 avait à l'époque deux problèmes majeurs : c'était une capitalisation de taille moyenne, avec un « flottant » étroit, le flottant étant la part du capital susceptible de circuler en Bourse. M6, avec Suez et RTL Group comme actionnaires, n'avait que 18 % de son capital flottant.

Un des commerciaux du département dérivés m'appelle pour discuter de ma dernière note : « Pourquoi tu t'emmerdes à écrire des notes sur un truc pareil ? »

Je lui réponds sur les fondamentaux de la valeur, et lui redis ma conviction qu'elle devrait s'apprécier significativement dans les mois et années à venir.

La sentence tombe, comme un couperet : « Tu perds ton temps. Ça n'intéresse pas nos clients. Sous-jacent à deux balles. On n'a rien à faire avec. »

Le mot était lâché : sous-jacent. Ainsi, le deuxième groupe de télévision privée en France n'était rien d'autre qu'un pauvre sous-jacent pour ce seigneur des marchés. Il n'était pas le seul à le penser : en Europe continentale, les exemples de sous-jacents indignes d'intérêt de la part de ces opérateurs de dérivés abondent, du fait du nombre élevé de sociétés contrôlées familialement. Ils leur préfèrent de loin les valeurs britanniques et américaines, très liquides, sans actionnaires de référence, et avec le capital desquels on peut jouer massivement et indéfiniment.

Sous-jacent ! Aux XIXᵉ et XXᵉ siècles, on parlait plutôt de sociétés pour désigner ces collectivités humaines organisées autour d'un objet industriel, commercial ou de services. Le mot même de « société » portait en lui une dimension collective, un travailler-

ensemble, voire un vivre ensemble. Salariés, dirigeants, actionnaires, chacun était peut-être à sa place,
mais faisait partie d'un ensemble, forcément ouvert
vers l'extérieur. Faire partie d'une société suggérait
déjà que l'on travaillait avec d'autres sociétés : clients,
fournisseurs, partenaires.

Puis, vers les années 1980, le mot « société » fut
vite remplacé par un mot plus moderne : l'entreprise.
On n'est plus tout à fait réunis pour travailler ensemble, mais pour entreprendre, aller de l'avant. Entreprise, *undertaking* en anglais. On célébrait, parfois à
juste titre, souvent dans une forme de comédie média-
tique, les nouvelles idoles, les « managers ». « Je
manage, tu manages... » « J'ai bien managé le problème, aujourd'hui. » « Qu'est-ce qu'on fait ce week-
end ? Laisse, je manage. »

L'entreprise, pourquoi pas. C'était un joli mot, après
tout. La financiarisation des économies capitalistes
nous oblige malheureusement à troquer ce mot désuet
contre un mot plus adapté à la réalité des marchés
d'aujourd'hui : le « sous-jacent ».

On ne saurait dire les choses plus clairement. Les
sociétés humaines, les entreprises cotées, sont devenues des sous-jacents pour les gens de marché. Des
prétextes à commissions de courtage ou de banque
d'affaires. Des marchepieds pour fabriquer de beaux
produits dérivés à forte marge, permettant d'enrichir à
peu près tous les marchands du Palais Brongniart :
investisseurs, courtiers, traders, analystes, vendeurs,...

Ces lignes ne sont peut-être pas totalement
exemptes d'une forme de jalousie. Il faut avouer hum-

blement que les Ferrari, les Porsche, les Maserati alignées dans le parking des gens de dérivés suscitaient plus l'envie que la mélancolie. Les bonus à trois chiffres en millions de francs des plus seniors de ce département ont régulièrement défrayé la chronique chez mon ancien employeur. Mais, après tout, puisque leur rémunération était en ligne avec leurs contributions aux profits de la banque, pourquoi pas ? « Si t'es pas content, vas-y. »

Ce sont bien eux les vrais saigneurs des marchés aujourd'hui. Le niveau de richesses qu'ils captent est inouï. Ainsi, en 2000, les deux dirigeants du département dérivés actions du Crédit lyonnais se sont partagé un salaire sympathique de...140 millions de francs ! Déclarés. Et encore, le Crédit lyonnais n'est rien en comparaison des plus grandes banques européennes ou américaines. Là-bas, on peut afficher les mêmes montants, mais en dollars.

Qui dit mieux ? Les grandes vedettes françaises du sport, du cinéma, de la chanson auraient du mal à prétendre approcher la richesse de ces stars de la Bourse.

A côté de ces professionnels de la dérive des marchés financiers, les patrons du CAC40 ressemblent à un sympathique et villageois lumpenprolétariat. Et pourtant, personne ne niera leurs responsabilités sociales, économiques immenses. Eux ont responsabilité d'hommes, d'industries, de résultats durables. De vrai argent.

Vaste débat teinté d'une forme de naïveté : croire que la société rémunère les individus en fonction de leur utilité au bien commun. Ce serait même déstabilisant, imaginez un peu la pagaille : les enseignants auraient des salaires de traders, les magistrats des bonus d'analystes, les militaires des émoluments d'avocats d'affaires, et les médecins hospitaliers des traitements de banquiers d'affaires.

Or, ces as de la finance optionnelle, non seulement ne servent pas à grand-chose dans l'économie d'aujourd'hui, mais en plus peuvent devenir particulièrement nuisibles. Leur grande technicité fait que leurs hiérarchies sont rapidement larguées, ne comprennent plus rien à leurs trafics, et n'osent plus demander de comptes. Nous aurons d'autres Nick Leeson (le trader fou de la Barings, à Singapour) qui feront sauter la banque. Quant à savoir laquelle et quand...

Au-delà des risques que ces opérations de dérivés font peser sur le système bancaire en général, on doit poser une question plus essentielle : est-ce que les propriétaires, les animateurs, les soutiers des entreprises cotées devenues des sous-jacents, y trouvent leur compte ?

Les actionnaires, les dirigeants et salariés des entreprises ont-ils vraiment intérêt à cette utilisation frénétique, débridée, de leurs cours de Bourse ?

Et qu'en pensent tous les salariés licenciés de ces entreprises stigmatisées pour avoir été à un bref moment dans la ligne de mire de ces professionnels de marché, non pas pour avoir été déficitaires, mais insuffisamment rentables au point d'avoir des cours de Bourse déprimés ?

Un titre qui perd 20 % dans une journée pour en regagner 15 % trois jours après va-t-il générer l'enthousiasme et la confiance chez les épargnants, dans l'entreprise, chez ses clients, ses fournisseurs, ses salariés ?

Lâchons le mot : toutes ces manipulations de cours, encouragées par la quasi-totalité des marchands du temple de la Bourse, directement intéressés à toujours accroître la volatilité des cours, sont-elles souhaitables ? nécessaires ? légitimes ? Une seule certitude : elles sont légales.

Pour le retour de confiance sur les marchés financiers, prière de s'adresser aux épargnants et aux entreprises. En attendant, la volatilité, les primes de risques et les gros Bêtas ont un bel avenir devant eux.

La secte de la création de valeur peut continuer à recruter de nouveaux adeptes. A moins que l'on ne retienne quelques leçons de la dernière bulle.

CHAPITRE 4

Bulles

Mercredi 5 janvier 2000, hôtel George V, Paris 8ᵉ

« T'es pas payé pour avoir raison, mon gars ! »

5 janvier 2000. L'époque était à la nouvelle économie. Toutes les valeurs s'approchant, de près ou de loin,
des Technologies Médias Télécommunications étaient
irrésistiblement poussées vers les cimes. La capitalisation du sympathique moteur de recherche Yahoo !
dépassait celle de Boeing. A Paris, comme à Londres,
Milan, Francfort, Madrid, New York, San Francisco,
les conversations étaient pleines de « dotcom », de
« PE », d'« IPO », de « start-up » : « Comment vas-tu-
dot-com ? » « Très bien, et-toi-ta-start-up ? »
    C'était le temps où tout le monde pensait Internet,
Bourse, web, création de valeur. Le fric, c'est clic. Et
le clic, c'est chic. En tout cas à l'époque. C'était un
temps de grande urgence, aussi : celui qui ne faisait
pas fortune en quelques semaines n'était pas digne de
vivre dans la nouvelle économie. La Bourse ou la vie !
En janvier 2000, le choix était facile.

81

Un premier signal inquiétant est venu de ma famille. Une tante qui n'avait jamais investi un centime dans des actions me demanda un jour : « Dis donc, toi qui es dans la Bourse, pourquoi tu ne m'as pas dit d'acheter des actions Canal+ ? Quand j'ai vu qu'elles avaient pris 50 % en trois semaines, je me suis dépêchée d'en acheter, tu penses, une aubaine pareille ! (...) Mais au fait, tu crois que maintenant je devrais prendre des Michelin ? Le PE est élevé, non ? »

Stupeur et tremblements : la voilà qui se mettait à parler comme un journaliste de BFM ! Ou comme un de mes clients chevronnés. D'ailleurs, elle faisait comme eux : elle achetait tout et n'importe quoi, à partir du moment où les cours avaient déjà bien grimpé.

Les professionnels ont recours au latin pour nommer ce phénomène étrange : le *momentum*. Quand le marché commence à partir franchement à la hausse comme à la baisse, il semble enclencher une force d'entraînement prodigieuse. Le phénomène est connu : un cours commence à monter, les investisseurs s'y intéressent de plus en plus. Les analystes le sentent, et commencent à relever leurs objectifs de cours, leurs prévisions, leurs recommandations. Le cercle vertueux de la hausse. Le malheur, c'est qu'à force de le caresser, il devient vicieux jusqu'à l'explosion finale. Et toutes les valeurs boursières de repartir à la baisse, encore plus vite qu'elles ne sont montées, avec les mêmes mécanismes. Plus les cours baissent, plus les investisseurs vendent, plus les analystes sont contraints ou se croient obligés de réviser leurs objectifs à la baisse. Après tout, il faut bien respecter le poids déclinant des valeurs dans les indices.

Momentum ! Le 5 janvier 2000, je donnais une présentation à une trentaine d'investisseurs à l'hôtel George V à Paris. Le pupitre de conférencier bien en main, j'étais censé exposer ma stratégie d'investissement dans les médias pour l'an 2000. La classe. Plus prosaïquement, il s'agissait de dire s'il fallait en avoir ou pas (des valeurs médias), et si oui, lesquelles : du TF1, du M6, du Canal+, du BSkyB... La salle était plus ou moins remplie. C'était la première fois que je faisais ce genre d'exercice. L'assistance, constituée de gérants de portefeuilles français, était surtout venue pour déjeuner à l'œil : les sociétés de Bourse payent, leurs clients trinquent. Normal. Un déjeuner au George V, cela ne se refuse pas.

Les cliquetis des fourchettes, les glapissements des mandibules et le tintement des verres à vin commençaient à m'agacer sérieusement, d'autant plus que je n'avais pas déjeuné. Je lançai donc la première diapositive, à peu près certain qu'elle calmerait tout le monde : « Médias Europe 2000 : e-profits ou e-krach ? »

Silence dans la salle. Le terrain me devenait favorable. C'était le moment d'avancer mes pions, c'est-à-dire mes doutes. J'enchaînai quelques chiffres, quelques graphes, pour tenter de démontrer que ça ne tournait plus rond sur les marchés, qu'il y avait quelque chose de pourri au royaume de la création de valeur. Des business plans de papier valorisés plusieurs centaines de millions d'euros. De pauvres sites web à deux francs, valorisés des fortunes sur la base du nombre de clics enregistrés on ne sait trop comment ou par qui.

Les Américains donnaient l'exemple avec un indice boursier des valeurs technologiques, le NASDAQ, repoussant chaque jour les frontières du bon sens.

« C'est très bien de se poser des questions, mais qu'est-ce qu'on fait en sortant du déjeuner ? On continue d'acheter, ou on vend tout ? »

Ce client qui m'interpelle me ramène brutalement à la réalité de mon métier. Un analyste n'est pas payé pour faire réfléchir ou douter ses clients, mais pour lui dire « Achète » ou « Vends ». C'est simple, la Bourse.

Gêne. Embarras. Angoisse. Que dire, que faire ? Pour gagner du temps, j'exécute deux ou trois gestes de la main, et déroule quelques longues circonvolutions vides de sens, avant de choisir courageusement de capituler. D'arrêter d'ennuyer mon audience avec des chiffres, des raisonnements, des exemples, des paradoxes, des points d'interrogation et d'exclamation.

Je lâche le mot magique, le sésame des gens de finance, l'abracadabra de la Bourse : *momentum*. « Il est hors de question de vendre maintenant, le momentum est trop fort derrière cette hausse. D'ailleurs, tous les analystes continuent de relever leurs objectifs de cours. »

Ce dernier argument est très prisé dans les salles de marché : le Gulf Stream. « Regardez ce qui se passe aux Etats-Unis, la hausse s'amplifie chaque jour. Le temps qu'elle se répercute en Europe, il faudra au moins (je fais mine de calculer) trois, six mois. Nous restons acheteurs ! »

La Bourse, c'est comme la météo, en Europe : le Gulf Stream détermine tout. Avec un bon horaire des marées, tout le monde devrait pouvoir y arriver.

Applaudissements nourris dans la salle. « Bravo. » « Analyses très pertinentes. » « Excellent. Merci. » De rien. C'est toujours un plaisir partagé de caresser les gens dans le sens du poil. Et ça rapporte. Dans l'après-midi, quelques convives passèrent des ordres de Bourse sonnants et trébuchants, par l'intermédiaire de notre société de Bourse : « Tu veux en reprendre, des actions ? Vas-y, mon garçon, laisse-toi aller, et n'oublie pas ma petite commission. »

Au moment de quitter la salle, l'un des principaux vendeurs de ma société de Bourse vient me voir : « Bravo, tu t'en es bien tiré. Mais dis donc, ne nous refais plus peur comme ça. A un moment, j'ai cru que tu allais leur dire de tout vendre. »

Je le regarde de travers : « Si je l'avais dit, où serait le problème ? » Et lui de me regarder méchamment de travers, de me guider dans un coin de la salle, pour que personne n'entende, et de me dire en substance : « N'y pense même pas. Tu aurais l'air de quoi, de te mettre à la vente quand tout le monde veut acheter ? Quand les actions prennent 20 % dans la même journée ? Tu aurais l'air d'un gros crétin. A la limite, je m'en fous. Mais là où je ne m'en fous pas, c'est que c'est mauvais pour notre business. Tu crois que les clients vont continuer à passer des ordres d'achat chez nous, si notre analyste médias dit de tout vendre ? T'es à la masse, mon pauvre vieux. »

Je n'aime pas me faire traiter de pauvre vieux par un jeune riche. Je réponds : « Je ne suis pas d'accord ! Et si j'avais raison ? Et si toutes les actions se cassaient la figure demain matin ? On serait les rois, non ?

— Les rois des cons, oui, répliqua ce grand amateur de vocabulaire anatomique ciblé. Je vais te donner un bon conseil, pour débutant sur les marchés : ne jamais avoir raison tout seul. Il vaut mieux avoir tort avec tous les autres. Comme ça, tu restes dans le marché, et tu n'énerves personne. T'es pas payé pour avoir raison, mon gars. T'es payé pour dire au client ce qu'il a envie d'entendre, point barre. Puisque c'est toi l'analyste, fais un petit calcul. On touche des commissions à 3 du 1 000. Devinette : il vaut mieux attraper une commission sur une action qui vaut 100 euros, ou qui vaut 50 euros ? Réfléchis bien. Salut. »

Réflexion faite, il avait raison. Quand on est dans une société de Bourse, on est arithmétiquement intéressé, non seulement à ce que les actions s'échangent le plus possible, mais aussi à ce qu'elles s'échangent cher. On n'a finalement aucun intérêt économique, financier, personnel à avoir une opinion négative. On se fâche avec tout le monde. Avec ses vendeurs, sa hiérarchie, les dirigeants de sociétés cotées dont on assure le suivi et qui vous mettent « tricards », qui rompent les lignes de communication avec vous : plus de *roadshows*, plus de *one-on-ones*, terminé. Sans parler des investisseurs institutionnels, qui sont tous, benchmark aidant, actionnaires de toutes les sociétés du CAC40.

Bref, il faut être un peu masochiste pour avoir une opinion négative singulière sur le marché. C'est plus facile quand tout le monde est négatif. Cela devient alors un devoir de hurler avec les loups. Ce fut d'ailleurs le drame et l'injustice pour des sociétés telles que

Alcatel, Havas, Suez, ou Saint-Gobain, Sodexho, etc., à des moments précis de leurs histoires, et sur lesquelles il était de bon ton d'être négatif voire ultra-négatif pendant le percement de la bulle. De la même façon que dans les marchés haussiers, l'on prime l'analyste ayant les objectifs de valorisations les plus élevés, dans les marchés baissiers, honneur gloire et boni (bonus) à celui qui hurlera « Untel vaut moins que rien ! ». Remplacer Untel par les entreprises citées plus haut – de façon non exhaustive d'ailleurs.

Je rentrai au bureau, pas très fier de moi, mais avec deux convictions qui ont déterminé tout le reste de mes travaux d'analyste financier. D'abord, ne jamais sortir du bois si on est complètement seul. Et ensuite... les franglais diraient : avoir un bon timing. Ce que Talleyrand traduit par : faire du temps son allié.

Trois mois plus tard, lorsque les sociétés européennes de médias présentèrent leurs résultats, et particulièrement TF1 et Canal+, je sentis que le moment était venu.

« Imaginez que vous achetiez votre voiture à travers le décodeur Canal+. »

Pour sa présentation des résultats 1999, Canal+ n'a pas lésiné sur les moyens. Sans doute peuvent-ils se le permettre. Nous sommes le 8 mars 2000, et l'action Canal+ ne cesse de défier les lois de la gravité, à l'instar de tout le marché : entre novembre 1999 et mars 2000, le cours de Canal+ a... quadruplé ! Elle valait 10 milliards d'euros en novembre 1999, et 40 milliards en mars 2000. Qui dit mieux ? En vingt petites semaines, 30 milliards d'euros soit 200 milliards de francs de valeur boursière auront été créés ! 10 milliards de francs par semaine. 2 milliards de francs par jour ouvrable travaillé. 250 millions de francs qui rentrent dans la caisse virtuelle de la Bourse, toutes les heures ! 40 millions de francs à la minute ! De la fabrication de richesse comme vous n'en verrez jamais plus Nulle Part Ailleurs.

Tout le monde y avait mis du sien. Les investisseurs, d'abord, complètement désinhibés, faisaient tourner leurs portefeuilles à un rythme dément. Achat, Vente, Achat, les ordres de Bourse affluaient, les commissions de courtage aussi. L'argent coulait à flots. Dans les entreprises de médias, même les plus installées, de nouvelles figures émergeaient : des à peine trentenaires, souvent consultants, obligatoirement experts en présentations PowerPoint, se voyaient catapultés à des postes de direction générale, au nom d'un jeunisme favorisé par la nouvelle économie. L'expérience devenait un fardeau, la sagesse une impuissance, la mesure une hystérie. Les analystes, eux aussi, avaient lâché les pédales. On ne regardait plus un seul bilan ou compte de résultat. Les profits n'intéressaient plus personne. Ils devenaient suspects. « Comment, vous faites un milliard de profits, et vous n'investissez pas un kopeck dans le web ? Mais vous êtes foutu, mon vieux. » Ou encore, cette phrase, entendue de la bouche d'un grand gérant français du côté de la gare Montparnasse : « Qu'est-ce que vous voulez que je fasse avec tous ces dividendes ? Le cash, ça ne vaut plus rien, maintenant. »

A l'inverse, une entreprise qui brûlait des milliards, sous couvert de nouvelle économie, et qui faisait rêver à l'horizon 2010, était sûre de gagner nos suffrages. C'était le cas de l'ancien Canal+. En ce 8 mars 2000, Canal+, valorisée 40 milliards d'euros en Bourse, jetait des tombereaux d'argent par la fenêtre, dans la joie et l'allégresse. Les pertes s'élevaient à un montant record de plus de 300 millions d'euros, 2 milliards de francs cette année-là. Pour faire court : un désastre économique, industriel et financier. Et pourtant, ce matin-là, c'était la fête.

Dans toute présentation de résultats aux analystes, le décor et l'agencement en disent souvent plus que tous

les discours financiers et stratégiques. Il y a les aus-
tères, les modernes, les sympathiques, les froids, les
timides, les gênés. Il y a ceux qui s'expriment en
anglais pour faire plaisir aux gérants des Futility. Ceux
qui parlent en français parce qu'ils ne savent pas parler
anglais, ou qu'ils n'ont pas envie de voir trop de Futility dans leur capital, etc. Il y a les bavards, les
laconiques...

Les présentations de Canal+ étaient toujours sympathiques, glamour, rock and roll. Un moment d'*info-
tainment* agréable. Quand Pierre Lescure prenait la
parole, on se retrouvait quinze ans en arrière avec les
Enfants du Rock. La bande à Desgraupes n'était pas
très loin. Il flottait comme un parfum de jazz, de
liberté espiègle dans les propos. Et dans les chiffres,
aussi.

Mais cette année-là, le ton avait changé. Certains
dirigeants de Canal+ commençaient à se prendre au
sérieux. Ils se disaient qu'ils valaient vraiment les 40
milliards d'euros qu'indiquait leur cours de Bourse. Il
fallait une présentation, un décorum à la hauteur de ce
qu'ils estimaient être devenus, ou de ce qu'ils rêvaient
d'être.

Ce fut un gigantesque atrium du côté du carrousel
du Louvre, reconstruit en amphithéâtre. Des gradins
blancs, des formes épurées, revisitées par un décora-
teur à la mode. Un ballet de couleurs incessantes et
fluorescentes arrosait le milieu de l'amphithéâtre,
constitué d'une piste de danse agrémentée de quelques
pupitres et d'un écran de projection. Une vraie boîte de
nuit. A 11 heures du matin en pleine semaine, une cen-

taine d'analystes et d'investisseurs venus du monde entier étaient invités à examiner les résultats catastrophiques de Canal+ dans une boîte de nuit.

Pleine d'hôtesses copiant le modèle Tex Avery, vous savez, là, quand le loup s'attable et déroule, devant cette serveuse rousse aux cils infinis, une langue de trois kilomètres avec des yeux exorbités? Eh bien, ce matin-là, pendant que le directeur financier de Canal+ expédiait les diapositives sur les comptes calamiteux de la société, je dénombrai une demi-douzaine de ces créatures de dessin animé.

Un analyste doit tout voir, et tout interpréter. Pour moi, ces hôtesses gonflées à l'hélium étaient le signe ostentatoire que j'attendais, le cri d'alarme que seuls les aveugles ou les déçus du genre féminin ne pouvaient ni voir ni entendre. Si elles avaient pu parler, elles auraient sûrement hurlé : BULLES! ou plutôt : ATTENTION, EXPLOSION IMMINENTE DE BULLES!

Vite, une aiguille.

Pierre Lescure reprit la parole pour dévoiler les perspectives du groupe Canal+. Ah, les perspectives! Voilà ce que tout le monde attendait. Les comptes de l'année précédente? Aucun intérêt, ils étaient mauvais, pas la peine de s'appesantir. Non, ce que la salle réclamait, c'étaient des perspectives. Elle les a eues. « En 2005, nous aurons recruté 10 millions d'abonnés supplémentaires, et chaque abonné dépensera entre 100 et 500 euros par mois à travers son décodeur interactif. » Cette dernière phrase m'extirpa définitivement de mes pensées texaveryennes. 500 euros par mois!

Ainsi, en 2005, 20 millions d'abonnés à Canal+ en Europe dépenseraient plus de 3 000 FF par mois à travers un gadget virtuel, le décodeur interactif, qui n'existait pas à l'époque. D'où pouvait bien provenir ce chiffre abracadabrantesque, équivalent de 40 % du SMIC mensuel ? Je m'attendais à une bronca dans la salle. Ce fut un tonnerre d'applaudissements.

La conférence se terminait. Je voulus en avoir le cœur net. Je m'approche du management de Canal+ pour leur demander d'où venaient leurs hypothèses. Réponse : d'une étude d'un analyste financier à l'achat sur BSkyB, le Canal+ anglais ! La boucle était bouclée : pour répondre aux attentes du marché, les entreprises répétaient voire amplifiaient les prévisions des analystes les plus enthousiastes.

La conférence passée, j'étais à peu près convaincu que ce métier de visionnaire n'était pas fait pour moi, lorsque j'entendis l'un des principaux dirigeants opérationnels de Canal+ répondre aux questions d'une analyste gérante de Futility.

Il prononça cette phrase terrible, censée mieux asseoir ou justifier ces 500 euros à dépenser chaque mois à travers un décodeur interactif : « Imaginez que vous achetiez votre voiture à travers le décodeur interactif de Canal+. » Il aurait pu rajouter : et nulle part ailleurs. Sale temps pour les concessionnaires automobiles !

Le sapeur Camember, qui aurait fait un excellent analyste financier, nous avait prévenus : lorsqu'on a dépassé les bornes, il n'y a plus de limites. Nous y étions.

Que les anciens dirigeants de Canal+ me pardonnent ce rappel désagréable, et injuste à bien des égards : ils n'étaient pas les seuls à faire ce genre de projections fabuleuses pour faire plaisir aux marchés en ce mois de mars 2000. A Londres deux jours avant, Tony Ball, PDG de BSkyB, prédisait sérieusement lors d'un dîner avec des investisseurs que le cours de Bourse de BSkyB (le Canal+ anglais) finirait par atteindre 40 livres, ce qui aurait valorisé ce service de télévision payante anglaise à plus de 100 milliards d'euros.

Ce phénomène de délire était d'ailleurs mondial : les business plans de papiers étaient valorisés des milliards dans la Silicon Valley en Californie. Aux Etats-Unis, le déficitaire vendeur de débit internet – autrement dit, un débitant en kilobits – America Online, rachetait l'une des plus grandes et plus prospères entreprises de médias au monde : Time Warner. Les dirigeants d'industries traditionnelles s'excusaient presque de faire de vulgaires profits récurrents en vendant du ciment, des voitures, des pneus, de la lessive, des produits alimentaires, et toutes sortes de choses parfaitement inutiles dans cette nouvelle économie si prometteuse.

Les dirigeants de Canal+ n'avaient donc pas le monopole des discours financiers délirants. Simplement, de là où j'étais, analyste médias en France, les dirigeants de Canal+ étaient parmi les plus visibles et les plus audibles.

En sortant de la conférence Canal+, je repensais à celle de TF1 qui avait eu lieu quelques jours plus tôt.

Dans un curieux effet de miroir, à quelques jours d'intervalle, l'ennemi juré de Canal+ m'avait bien confirmé que les bornes étaient amplement dépassées.

« Nous avons dépassé en euros les objectifs de cours que nous avions en francs. »

Les présentations de résultats de TF1 sont un reflet assez fidèle de la culture et de l'identité de ce groupe. Elles sont immuables, puissantes, efficaces. Presque intimidantes. Il suffit d'en voir une, on les a toutes vues. Bien calé dans son fauteuil en cuir rouge de la salle de projection de TF1, au siège de la chaîne à Boulogne, on aimerait bien changer de programme par moments. Zapper sur de l'inattendu, du hasard, de la surprise. Mais rien de tout cela ne se passe. Et pourtant on reste accro, on se laisse faire, fidèle au poste.

Dans ce temple de l'ordre, chacun est à sa place, et moi aussi. Sur la quinzaine de présentations TF1 que j'ai pu suivre, je me suis toujours inconsciemment assis dans le même fauteuil, troisième rangée à droite, en face du pupitre présidentiel, pour ne pas manquer une miette de ce show parfaitement réglé.

En préambule, les cinq premières minutes de Patrick Le Lay : le menu de votre soirée analytico-télévisuelle.

Puis, place au cœur de TF1 : les programmes, domaine d'Etienne Mougeotte. A lui de commenter en détail les dernières tendances de la consommation télé-visuelle : pourquoi 10,4 millions de Français n'avaient manqué sous aucun prétexte la énième diffusion d'un monument de la culture cinématographique française – l'Inspecteur La Bavure ; pourquoi les Français étaient encore plus nombreux (10,7 millions) à vivre le sus-pens insoutenable de l'élection de Miss France 1999 ; et pourquoi ils étaient en moyenne près de 7 millions à sacrifier quotidiennement leur temps de déjeuner pour écouter ce que Jean-Pierre Pernaud avait à dire sur l'état du monde (source : Médiamétries, individus de 4 ans et plus).

Ensuite, viennent les fruits de la récolte : publicité, finances, diversifications. Et retour sur Patrick Le Lay pour les commentaires stratégiques et les réponses aux questions.

Ce jour-là, Patrick Le Lay apparaît tel qu'en lui-même : sûr de la puissance de son groupe, plastronnant pour la galerie, mais gardant quelque chose comme une forme d'humilité. « Suis-je à la hauteur de l'entre-prise qui m'a été confiée ? »

Le mot peut paraître paradoxal, il est juste : certains dirigeants savent s'effacer derrière un groupe dont l'histoire les précède, une collectivité qu'ils entraînent mais qui les dépasse. Après tout, « les Bouygues », comme on les appelle, n'ont pas créé TF1, mais ont hérité – moyennant finance, tout de même – du pre-mier réseau télévisuel français, et ont su faire fructifier cet imposant héritage.

Les résultats publiés sont magnifiques : la chaîne a dépassé tous ses records de profits, de chiffre

d'affaires publicitaires,... Le pari de TPS était gagné :
il avait brisé l'ancien monopole de Canal+. La salle
devrait être transportée d'enthousiasme. Il n'en est
rien.

A l'instar des autres groupes sérieux de médias, le
groupe TF1 décide de n'investir que quelques petits
millions de francs dans ses projets Internet. Petit bras !
Un mois avant, la Compagnie générale des eaux présentait les perspectives abyssales du futur portail Vizzavi et autres investissements dans l'Internet, qui
auront in fine englouti plus de 10 milliards de francs
sans avoir jamais vraiment vu le jour. Ça, ça avait de
l'allure, du souffle, de la vision. Et voilà que TF1 mise
petit sur le tapis vert de la nouvelle économie.

La faute à qui ? A ces frileux de Bouygues, voyons !
Pas surprenant qu'ils ratent le coche : c'est leur propre
argent qu'ils investissent. Comble du mauvais goût :
ils comptent leurs sous ! Les nuls. Terrible frein à la
créativité. Ce n'est pas de cette façon qu'ils deviendront maîtres du monde. Comment s'étonner qu'un an
plus tard, Martin Bouygues ait refusé de mettre son
groupe en faillite, en renonçant à engloutir de vrais
milliards dans les fausses promesses de l'UMTS ? En
ce 1er mars 2000, dans l'auditorium de TF1, la déception des analystes et des investisseurs est perceptible.
Patrick Le Lay doit le sentir.

A ce moment précis, il juge bon de décocher ce
commentaire stupéfiant, qui devrait figurer en bonne
place dans les livres d'histoire de la bulle internet. Il
rappelle aux analystes la très bonne nouvelle d'un
cours de Bourse de TF1 catapulté en quelques mois à

plus de 100 euros, portant la valeur du groupe à plus de 20 milliards d'euros. Il marque une pause, et continue, petit sourire légèrement agacé en coin : « Cela nous fait plaisir, c'est sûr, et à vous aussi j'espère. Mais c'est tout de même extraordinaire : il y a deux ans, c'est exactement ce chiffre que j'avais proposé à mes collaborateurs comme un objectif de cours pour l'an 2000 : nous serons à 100... mais le problème, c'est que je l'avais donné en francs, et nous y sommes en euros ! »

Réactions de la salle : rires, sourires, du genre « elle est bien bonne, sa blague », ou « c'est super », « on vit une époque formidable », « vive la nouvelle économie ». Et les questions s'enchaînent sur les 0,1 % de marge EBITDA qui manquent, sur le retraitement des mises en équivalence de TPS, sur l'ajustement des provisions pour je-ne-sais-quoi, sur les perspectives de TF1 en 2010, etc.

Je n'écoute plus ce babil d'experts, et regarde attentivement Patrick Le Lay. Pas de doute, il ne bluffait pas. Il était sérieux, et personne ne l'avait pris comme tel. Or, son avertissement n'était pas sérieux : il était gravissime. Il pouvait se reformuler ainsi : « Bande d'abrutis, vous avez tellement pété les plombs sur internet que vous me valorisez 6,55957 fois trop cher ! Cela ne me dérange pas, mes stock-options en profitent, mais redescendez sur terre ! Cela va finir par se voir que vous êtes complètement à côté de la plaque ! »

Ce phénomène de surdité sélective des opérateurs de marché m'a toujours étonné. Ils n'entendent que ce qu'ils souhaitent entendre. S'ils veulent entendre un avertissement ou un encouragement, un message de prudence ou un optimisme débridé, à eux de choisir. De toute façon, le marché a toujours raison. Peut-être. Mais il est sourd, et n'entend que lui-même.

La présentation se termine comme à l'accoutumée par un cocktail pantagruélique, champagne pour tout le monde et avalanche de petits fours. J'en avale deux douzaines, le temps d'entendre mes concurrents réfléchir à voix haute sur la manière dont ils vont s'y prendre pour afficher des objectifs de cours deux fois supérieurs à la cotation du jour : « Moi, je valorise chaque clic d'internaute sur tf1.fr à 4 000 FF. Et toi ? » « Moi, j'arrive déjà à 6 000 FF. » « Pas mieux. Bien joué ! »

Je file au bureau rédiger une note de deux pages qui sera diffusée à nos clients investisseurs le lendemain matin. Sur le trajet, ma décision est arrêtée : dans la quinzaine, je dégrade tout le secteur. Merci Patrick Le Lay.

« **Nobody will say thank you.** »

Cela faisait quinze jours que je ruminais dans tous les sens la phrase de Patrick Le Lay. Pour moi, c'est un signal d'alarme fort si un PDG dont l'essentiel de la rémunération est assis sur des stock-options indique aux marchés que son titre est grossièrement surévalué. Je regarde les courbes de progression des valeurs médias européennes : elles ont progressé de 222 % en un an ! C'est trop. C'est insoutenable. Je me dis qu'il faut songer à dégrader. J'en parle à mes vendeurs. Tollé général, résumé par un « Tu veux foutre le business en l'air ? ».

Un peu chahuté, j'appelle les vendeurs actions de notre filiale londonienne, espérant avoir plus de soutien de ce côté-là de la Manche. L'un d'eux, très britannique, ayant beaucoup de distance sur les choses, et assez mesuré, me donna ce conseil plein de sagesse : « C'est pas mal, ton idée, Edouard. C'est spectaculaire, c'est courageux, c'est *opinion-minded*. Mais si tu as tort, tu peux te chercher un autre métier, tu seras la risée du marché. Et si tu as raison, " *nobody will say thank you* ". » Ses paroles étaient pleines de bon sens. Si j'ai raison, les investisseurs seront tellement aux abois qu'ils me prendront en grippe pour longtemps ou qu'ils feront tout pour oublier cette voix discordante, cette fausse note dans une partition bien réglée. Un scénario avec 100 % de perdants. Ni les investisseurs, ni les entreprises, et encore moins les courtiers n'y ont intérêt.

Que faire ? Ne rien dire, ne rien écrire, alors que les dérèglements du marché devenaient chaque jour plus inquiétants et plus aberrants ? Continuer de recommander d'acheter des valeurs qui allaient immanquablement s'écrouler, ce n'était pas encore un crime, mais déjà une faute. Ou tout au moins une erreur.

Je regarde mes écrans, perplexe. Et si j'étais le seul, ou le premier, à le voir, à le dire ? Cela ne serait pas honteux, tout de même. Quelques minutes de griserie narcissique, vite chassées par d'autres pensées plus anxiogènes.

Précisément, je pensais à l'analyste que j'étais en train de recruter. Derek Terrington, 52 ans, avait à l'époque l'âge d'être mon père. Première aberration.

Deuxième aberration : Derek Terrington est sans doute l'un des plus grands analystes financiers qui ait jamais existé en Europe. Et je le recrutais, du haut de mes 29 ans. Pourquoi ? Son histoire est simple, forte et triste comme l'injustice humaine.

Au tout début des années 1990, avant que l'on ne découvre que l'empire Maxwell était un gigantesque château de fausses cartes, une immense entreprise de détournement de fonds, M. Maxwell piochant dans la caisse de retraite (fonds de pension) de ses employés pour se financer, et financer diverses opérations obscures au Moyen-Orient, bref, juste avant que l'on ne découvre le pot aux roses, M. Maxwell était la coqueluche des marchés financiers. Le plus *successful* entrepreneur que la Grande-Bretagne ait connu.

C'est le moment que choisit Derek Terrington pour sortir une note d'analyse financière stupéfiante : Maxwell Communications – *SELL* (Vente). Titre : *Can't Recommend A Purchase*. En prenant les initiales, ça donne : CRAP Dégueulasse, pourri, en anglais. Tout était écrit dans cette note. Il ne manquait aucun avertissement. Les investisseurs ne pouvaient plus dire qu'ils ne savaient pas : Derek Terrington dénonçait les incohérences dans la présentation des comptes, suggérait l'existence de hors-bilans surgonflés, d'un système d'une complexité sans fondement apparent, mais d'une complexité réelle, organisée, délibérée.

Derek Terrington aurait dû, par ce fait d'armes, devenir un véritable héros de l'industrie financière européenne, du marché des actions européennes. Il n'en fut rien, tout au contraire : on le bannit. Son seul crime fut d'avoir eu raison trop tôt, et de l'avoir dit sans ambages. Peu de temps après la publication de sa note, le groupe Maxwell appela son employeur, qui le « démissionna » aussitôt.

Personne ne parla de cette affaire à l'époque, mais les autres brokers anglais semblaient s'être passé le mot : interdiction absolue d'embaucher Derek Terrington, ce type dangereux qui écrit n'importe quoi sur le groupe Maxwell à la presse si présente en Grande-Bretagne (*Daily Mirror*, etc.).

Quelques mois plus tard, l'empire Maxwell s'effondrait aussi sûrement que son fondateur, mort au large des Caraïbes en pleine pratique d'un sport dont on ne dira jamais assez la dangerosité : la pêche.

On ne ressortit pas pour autant Derek Terrington : lui aussi avait manqué de couler, sous les attaques insidieuses, inodores, incolores mais bien réelles du groupe Maxwell. Une accumulation de pressions, de petites et grandes intimidations organisées par ce tissu de servilités qu'était la City de l'époque avait fragilisé Derek Terrington pour longtemps.

Ne pas avoir raison trop tôt. Ne pas avoir raison tout seul. Tout me poussait à ne rien publier, à accompagner le marché et à suivre le mouvement jusqu'au bout, docilement.

Et puis, si l'on veut jouer les Cassandre, il faut être prêt à jouer le rôle jusqu'au bout. Or, Cassandre, la mémoire collective sait que c'est un prophète de malheur, qui dérange tout le monde avec ses pronostics pessimistes. Ceux qui ont une bonne mémoire de leurs cours d'histoire de 6e-5e se rappellent d'abord que c'est une femme. Elle avertit les Troyens du danger imminent qui pesait sur la ville. Elle s'opposa ensuite à l'entrée du cheval dans Troie. Qui se souvient qu'elle finit assassinée par la fille du roi de Sparte ?

Jouer les Cassandre... Il y a des projets plus enthousiasmants. Et plus rémunérateurs.

Et si en plus j'avais tort ? Et si la « nouvelle économie » allait vraiment révolutionner l'économie et la finance ? Vae victis ! Malheur aux vaincus ! Ecrire « vendez tout », juste avant de voir les actions grimper jusqu'au ciel : la honte ! Ridicule.

103

Précisément, les « Précieuses ridicules » du moment ne sont-elles pas cette cour consensuelle, glamour, tapageuse, se drapant dans des logorrhées incompréhensibles pour mieux masquer son indigence et son ignorance, scrutant le moindre soubresaut de la mode boursière pour rester dans l'air du temps, allant répétant sur toutes les places financières que les actions peuvent bien monter jusqu'au ciel, puisque telle est la volonté commune ?

Va pour le ridicule. Il prit la forme d'une note de six pages, toute simple, toute bête, où tout devait être dit dès la première page. La communauté des investisseurs, croulant sous des avalanches de notes de recherche que leur envoient quotidiennement les courtiers du monde entier, n'a pas le temps de lire la moindre de ces notes en entier. Surtout si elle provient d'un bureau de recherche local et de taille moyenne.

Un titre : « Alerte sur les valeurs médias européennes : prenez vos e-profits avant un éventuel e-krach. »

Une illustration graphique : à gauche, la courbe des valeurs médias européennes (indice Datastream Medias Europe) qui s'envole entre septembre 1999 et mars 2000 ; à droite, le même envol ample et brutal des valeurs japonaises à la fin des années 1980, et leur effondrement tout aussi ample et brutal derrière.

Trois *bullet-points*, ces phrases annoncées par des petites billes noires comme des trous dans un carton de tir de fête foraine :

• « les valeurs médias européennes s'échangent actuellement avec une prime de 146 % par rapport à leurs objectifs de cours à novembre 1999, calculés sur la base de leurs fondamentaux. » Comme si un appartement payé un million de francs en valait 2,46 millions de francs cinq mois plus tard !

• « les perspectives de croissance qu'offrent internet et la révolution numérique (...) ne sauraient justifier des valorisations toujours plus éloignées du réel. »

• « le temps est peut-être venu pour un " e-krach " sur les valeurs médias européennes dont les équipes dirigeantes elles-mêmes peinent à justifier les valorisations actuelles. »

Et trois phrases de conclusion : « Nous ne pouvons bien évidemment pas donner de date à cette possible correction de marché. Nous serions surpris si celle-ci n'intervenait pas dans l'année en cours.(...) Il faudrait, dans le cas contraire, repenser en profondeur les lois de la gravité, de la finance et de l'économie. »

Ma hiérarchie ne s'opposa pas à la publication de cette note d'alerte. La première réaction de mes vendeurs fut... de faire comme si cette note n'existait pas. Ils n'en parlèrent tout simplement pas à leurs clients. C'est le boycott. Elle ne va pas dans le sens qu'ils souhaitent ? On applique la bonne vieille stratégie de l'édredon. « Une note à la vente ? Non, ça ne me dit rien. Peut-être un concurrent ? » Heureusement qu'il y a la presse. Comme nous y étions autorisés, j'envoie la publication à Nathalie Meistermann, de l'agence Reuters. Ils passent la note au cordeau, vérifient chaque hypothèse, appellent trois fois ma société pour s'assurer que ce n'est pas une « fausse note ». Et décident de la mentionner sur le fil, à 16 heures.

Cinq ans après ce pic de la bulle dite « TMT » (Technologies, Médias, Télécommunications), l'indice des valeurs médias européennes avait perdu les deux tiers de sa valeur (indice DJ Eurostoxx Médias).

Mes vendeurs sont pris de court. Les appels commencent à sonner. Très vite, un constat s'impose à eux : la note a rencontré un formidable écho dans le marché. Quelques jours après – coïncidence ? – l'un des principaux courtiers américains dégradait à son tour le secteur. La brèche était ouverte, le marché, c'est-à-dire le troupeau des investisseurs et analystes suiveurs, pouvait basculer d'opinion aussi violemment et indistinctement qu'il avait alimenté la hausse de ces derniers mois.

Petite précision : je ne suis pas responsable de l'effondrement qui a suivi ! Ce serait donner trop de pouvoir à ma profession, et trop de poids à l'institution qui m'employait, dont la part de marché sur les valeurs françaises devait tourner autour de 2 % à l'époque.

Ce ne sont pas les analystes qui font et défont les cours de Bourse, ce serait trop facile. Le 16 mars 2000, j'ai recensé plus de 50 publications sur les valeurs médias européennes. On calculera vite ma « part d'audience » dans ce marché ultra-compétitif, totalement dominé par une demi-douzaine de banques d'investissements anglo-saxonnes alignant des capacités de vente et de distribution 20 à 50 fois supérieures à celles de CLSE.

Et puis, croire ou faire croire que ce sont les analystes qui font le marché serait transformer les investisseurs en des pantins écervelés, sans capacité de jugement propre, exécutant sans réfléchir les recommandations de leurs fournisseurs, les courtiers.

C'est totalement faux. Cela reviendrait à dire que dans un match de football, ce ne sont pas les joueurs qui font le match, mais les commentateurs sportifs.

En revanche, il est certain que cette note est venue à un moment où les investisseurs, qui n'avaient pas cessé de gonfler la bulle à coups d'achats inconsidérés (à quelques rares exceptions près, parmi lesquelles Warren Buffet), commençaient – enfin – à se poser de vraies questions. Ma note a peut-être contribué à cristalliser leurs doutes, leurs inquiétudes. Elle a pu aussi servir de prétexte, de support écrit à ceux des gérants qui cherchaient dans le marché des éléments concrets pouvant justifier, auprès de leur hiérarchie en interne, de prendre leurs profits en vendant leurs titres.

Comme quoi, même s'ils ne se l'avouent pas en prônant des modèles intégrés, en recrutant en interne des analystes spécialisés, dits *buy-side*, les investisseurs ont et auront toujours besoin des analystes de société de Bourse, pour les empêcher de tourner complètement en rond comme ils l'ont fait trop souvent ces dernières années.

En attendant, je me moquais bien de tout cela. Une nouvelle vie commençait pour moi sur les marchés financiers. Les investisseurs commençaient à se manifester, voulaient me rencontrer, à Paris, Londres, New York... J'avais gagné mon pari : j'étais devenu un vrai analyste. Un vrai VRP de luxe. A moi les *roadshows*, les *airmiles* d'Air France, *business class* et champagne sous toutes les latitudes.

CHAPITRE 5

Roadshows

Amérique du Nord, 6-17 novembre 2000, quelque part entre Toronto et San Diego

« Mais pourquoi répétez-vous toujours la même phrase ? »

« OK, Edouard, maintenant on va pouvoir te sortir en clientèle. Ça ne te pose pas de problème, de voyager beaucoup ? »

Quelques jours après la sortie de la note sur le « e-krach », l'on décidait donc de me sortir en clientèle, c'est-à-dire de me faire faire des tournées d'investisseurs, autrement appelées *roadshows*.

Le *roadshow*, autant le dire tout de suite, c'est la gloire et la prospérité assurées pour tout analyste. Avant un roadshow, vous n'êtes que cet infâme petit scribouillard, tortureur de chiffres, ce dérangé de la calculette qui, au terme de calculs fumeux et de labeur ingrat, va pondre des dizaines de notes qui ne seront jamais lues. Vous n'existez pas dans le marché. Vos vendeurs ont trop honte de vous pour vous montrer à leurs clients. Alors vous rongez votre frein, en attendant qu'une note d'analyse ou un événement sur votre secteur (une OPA, une fusion, une privatisation, une faillite) vous fasse sortir de cet anonymat parfait.

Mon point de sortie fut cette note sur le « e-krach ». Bonheur ! Enfin j'existais dans le marché. Je devenais le dernier argument à la mode pour mes vendeurs : « OK, je t'achète 50 000 LVMH et je te vends 20 000 AGF. Mais dis donc, tu n'as pas encore rencontré notre analyste médias, tu sais, la note sur le krach internet ? Je te le présente quand tu veux. »

Voilà ce que je pouvais entendre dans les travées de la salle des marchés. Je passais outre sur ce côté bête de cirque, cet analyste que l'on montre, comme une petite caution, un petit prétexte pour grosses commissions. J'allais enfin pouvoir rencontrer tous les John Benchmark de la terre, tous les gérants et analystes s'intéressant aux groupes de médias en Europe. Or, ces investisseurs étaient nombreux, et présents aux quatre coins du monde.

A moi les voyages. Finis, les misérables allers-retours en Eurostar deuxième classe vers la City de Londres, sa grisaille et ses bières tièdes. Désormais, c'est business class toutes les semaines, et destination New York, San Francisco, Boston, Chicago, Los Angeles, Miami, Fort Lauderdale, Milwaukee, Denver, Tokyo, Milan, Florence, Amsterdam, Abu Dhabi, Lugano, Genève, Madrid, Stockholm, Copenhague, Dublin, Berlin, Vienne, Zurich.

Roadshows ! Tout est inscrit dans ce mot américain, que l'on va essayer de définir et de traduire ici. *Road-show* : « route-spectacle ». Comme nous sommes dans la langue de Shakespeare, tout est à l'envers. A l'endroit en français, l'expression donnerait : *Show-road*, comme *showroom*. *Show-road, show-on-the-road*, le spectacle de la route, le spectacle routier, le spectacle ambulant. Nous y sommes. Le *roadshow* est un spectacle ambulant. La réalité qu'il recouvre provient directement des campagnes politiques américaines, où les candidats doivent avaler des kilomètres pour porter la bonne parole de ville en ville. Pour ce faire, ils n'hésitent pas à sillonner les routes dans des bus gigantesques, avec bureaux intégrés.

Le roadshow est effectivement une tournée électorale, pendant laquelle l'analyste va solliciter les suffrages, les votes des investisseurs institutionnels pour la qualité de ses études et opinions. Plus le nombre de votes est élevé, plus le niveau de commissions le sera pour le courtier.

Le roadshow est donc pour l'analyste l'un des exercices les plus enrichissants qui soient. D'abord en termes de air miles. Ensuite parce qu'on voit du pays. Vous traversez des endroits magnifiques ou bizarroïdes que vous n'auriez jamais songé à approcher : Abu Dhabi, Milwaukee, Denver. Ou Tokyo avec ses chambres d'hôtels de 11 m^2 à 1 000 euros la nuit, ses bols de noodles immangeables à 30 euros. Enfin, et c'est le plus important : vous allez à la rencontre des investisseurs, tester vos idées du moment avec une caisse de retraite belge, un fonds de pension floridien, une mutuelle californienne, une banque privée à Florence, un gouvernement asiatique... Autant d'approches, de regards, de réactions différentes. Plus qu'ailleurs, le cœur du métier réside dans ces entre-

111

tiens individuels. La Bourse aux idées, le marché des opinions sont là, et pas dans les communiqués de presse laconiques des sociétés, ou dans les appels standardisés quotidiens que déversent les vendeurs sur leurs clients, chaque matin après le morning.

Seule limite à ces échanges : le temps. Par définition, le roadshow doit être le plus intense et le plus court possible. Pendant que l'analyste se balade, il n'est plus à son bureau, à appeler les mêmes clients, à pondre des notes quotidiennes sur le moindre battement d'aile de papillon dans son secteur. Le rythme de ces déplacements est donc effréné, quasi inhumain. J'ai conservé le programme d'une semaine – type d'un de mes roadshows aux Etats-Unis, en 2001. J'ai ainsi pu rencontrer, en une huitaine de jours :

— 31 investisseurs de la région de New York (Connecticut, Manhattan, New Jersey), dont 14 en « un sur un » ;

— 8 investisseurs à Boston ;

— 9 investisseurs canadiens, à Montréal et Toronto ;

— sur le chemin de la côte Ouest, 3 investisseurs à Chicago, un (!) investisseur à Denver ;

— sur la côte Ouest, 13 investisseurs à San Diego, Los Angeles, San Francisco.

Une cinquantaine d'heures d'avion en une semaine, pour rencontrer l'équivalent de... près de 2 000 milliards de dollars sous gestion ! Deux fois le budget de la France.

C'est impressionnant. Il y a de quoi s'embrouiller dans cette somme de chiffres, de décalages horaires et d'heures de sommeil manquantes. C'est d'ailleurs ce qui arrive immanquablement.

Les rendez-vous avec les investisseurs américains sont assez intéressants pour cela. C'est du frontal, du brut de décoffrage. Pas de place pour le doute cartésien. Il faut d'abord montrer patte blanche, c'est-à-dire présenter les chiffres et arguments selon un ordre et un format préalablement établis : le leur.

Autre particularité : alors qu'un investisseur européen, surtout du continent, va vous laisser le temps d'exposer vos idées, de dérouler votre menu, etc., avant de poser des questions, l'Américain, lui, ne s'embarrasse pas de tels salamalecs. Au bout de quelques minutes sinon quelques secondes, tombe la sentence. Soit il est d'accord avec vos arguments, ce qui s'exprimera par : *Move on* (« passez à autre chose »). Soit il n'est pas d'accord, et c'est là que les choses deviennent intéressantes.

Les investisseurs américains sont des professionnels qui ne laissent rien au hasard. Avant de rencontrer un analyste, ils auront étudié de A à Z, lu de la première à la dernière ligne tous vos écrits. Et si l'opinion diverge de la leur, leur démarche intellectuelle est assez particulière. Ils ne vont pas essayer de s'approprier un nouveau point de vue. Ils vont d'abord essayer de détruire le vôtre, par un feu roulant de questions bien ciblées. C'est le *carpet bombing*. En général, ce bombardement de points d'interrogation dure un quart d'heure. Si la personne en face est toujours debout, et tient ses positions, les choses changent. Cela signifie pour eux qu'ils ont touché un point dur. Les questions deviennent plus ouvertes, ils commencent à noter vos réponses. Vous les avez intéressés. Ils ont le sentiment de ne pas avoir perdu leur temps. Vous avez gagné et eux aussi. Vous sortez du meeting abasourdi, vidé, la mine défaite, mais vous avez gagné la considération de votre interlocuteur.

J'ai mis beaucoup de temps à comprendre cette mécanique. Dans mes premiers roadshows, je me vexais, ou j'étais désarçonné par cette violence. Je tentais quelques circonlocutions, quelques passerelles pour changer de sujet. C'est très mauvais. Avec un investisseur américain, ce préambule confrontationnel est obligatoire, comme un rituel initiatique. Après, on peut causer, et même devenir amis.

Un investisseur américain aime bien, aussi, les formules qui claquent. Les slogans publicitaires. Les idiomes forts, façon *Buy one, get one free*.

J'en usais et parfois en abusais. Ainsi de cette tournée à l'automne 2002, où le mot d'ordre était *Buy the Buyers* : achetez les acheteurs ! Après deux années de sévère correction boursière, qui avaient laissé grand nombre d'entreprises sur le tapis, je recommandais de privilégier celles qui avaient gardé leurs munitions – leur cash – et qui allaient immanquablement racheter tout ce qui traînait. Nous étions en pleine faillite du groupe allemand Kirch, et en pleine convalescence de Vivendi Universal.

Parmi la série de scénarios farfelus qui circulaient à l'époque, il en existait un que j'aimais bien agiter, pour mieux l'enterrer in fine : celui d'une reprise de la chaîne Canal+ par le groupe Bouygues-TF1. Vu d'outre-Atlantique, ce scénario de concentration plaisait beaucoup. L'idée que le groupe leader en télévision commerciale rachète le groupe leader en télévision payante, pour totalement dominer ce micromarché de la télévision française, où les plus gros groupes pèsent à peine le dixième d'un Viacom, d'un Time Warner, etc., bref, ce thème d'investissement se vendait bien.

J'attirais simplement l'attention de mes clients investisseurs sur les différents et compliqués dispositifs anticoncentration encore en vigueur à l'époque. Et, surtout, sur l'incompatibilité culturelle entre deux sociétés, ennemies depuis vingt ans, et que tout opposait.

D'un côté, une culture d'ingénieurs, qui plus est du bâtiment, où l'on sait qu'il faut quatre pieds à une table, et où les organisations sont pensées en termes de chantiers, de logistique, de systèmes à mettre au carré, « decker » ; une industrie, enfin, où l'on se bat à mort pour dégager de la marge au centime près.

De l'autre, une culture de « gens du spectacle », rémunérés au cachet que l'on dépense le soir même, en espérant que le public sera toujours là le lendemain ; des créatifs, comme on dit aujourd'hui, avec ce que cela suppose d'anxiété, d'esprit libre. Mais aussi de pagaille et de déficits potentiels.

Au-delà de ces clichés caricaturaux, il y avait une réalité dans ce mariage improbable entre la carpe et le lapin.

Malheureusement, je ne savais pas dire « carpe » en anglais. Alors, pour bien me faire comprendre, j'avais

115

ANALYSTE

rodé une formule que je devais décliner dans chacun de ces 50 rendez-vous. Cette formule était : « *Canal+ and TF1 ? It's like fire and ice.* » Le feu et la glace. Rien de très renversant, mais le message passait assez bien.

Premier rendez-vous : « *Canal+, TF1 ? Fire and ice.* » Deuxième rendez-vous : « *TF1, Canal+ ? Ice and fire.* » Et ainsi de suite.

Cette formule retenait apparemment l'attention de mes interlocuteurs. Était-ce mon accent ? Le fait que j'accélérais mon élocution en prononçant ces mots ? Toujours est-il que cette formule finit par beaucoup me plaire, à moi aussi.

Mais le roadshow ne faisait que commencer. Les rendez-vous succédaient aux rendez-vous, les déplacements, les chambres d'hôtel, les aéroports, les taxis. Le jetlag, aussi.

New York, Boston, New York. New Jersey, Montréal, Toronto, Chicago. Tout le monde eut droit à son *Fire and Ice.*

Le roadshow est une épreuve autant physique qu'intellectuelle. L'expérience aidant, vous savez réserver votre attention, vos facultés intellectuelles, pour les seuls rendez-vous. Et le reste du temps, vous essayez de récupérer le sommeil que l'on vous vole à chaque journée. Siestes dans le taxi. Siestes dans l'aéroport. Arrivé dans la chambre d'hôtel, tant pis pour les curiosités de la ville, vous vous faites apporter un hamburger dans votre chambre, à consommer sur place avant d'enchaîner quelques heures de sommeil et un réveil vers les 4 heures du matin pour rédiger et

116

expédier un compte rendu adéquat pour les vendeurs restés à Paris. Les marchés financiers ignorent les fuseaux horaires.

Mais arrive ce qui doit arriver : à un moment, si vous êtes à peu près normalement constitué, vous touchez vos limites physiques et intellectuelles. Pour moi, cette limite était toujours atteinte en toute fin de mes roadshows en Amérique du Nord, c'est-à-dire en Californie. Au bout du quarantième interlocuteur, à qui vous déroulez un message qui aura déjà été testé 39 fois, on finit par s'emmêler les pinceaux. Et, très sincèrement, on raconte n'importe quoi. Les phrases s'enchaînent les unes après les autres, mécaniquement. C'est presque la mémoire auditive de ce que vous aviez dit 39 fois les jours précédents qui vous permet d'enchaîner les mots, les concepts, les chiffres.

San Francisco, vendredi 12 heures − 21 heures, heure de Paris. Je suis devant ce ponte d'une société appelée ici Regents of American Faculties. L'un des très, très gros investisseurs mondiaux. L'automate « analyste médias » se met en ordre de marche, et débite ses phrases, une à une : Lagardère... les magazines et la défense... *fire and ice* ! Le Régent lève un sourcil, que je ne vois pas.

« NRJ... les radios en Allemagne, et la Scandinavie... *Fire and Ice* ! Cette fois-ci, le Régent lève ses deux sourcils. J'ai dû parler un peu fort.

Nous en venons à Canal+, Bouygues et TF1 : « fusions... très compliqué... anticoncentration... destruction de valeur... *Fire and Ice* ! »

Cette fois-ci, le Régent n'en pouvait plus. Comme il n'avait pas de troisième sourcil à relever, il m'arrêta

aussi sec. « Mais, pourquoi vous répétez toujours la même phrase, là, *Fire and Ice*. *Is this a joke?*
Dernière sommation ! Le Régent croyait que je me moquais de lui. On ne badine pas avec le Régent. La sanction peut être immédiate : une boule noire dans le système de votes du Régent. « Le Crédit Lyonnais, ils font 10 000 kilomètres pour se foutre de ma gueule. Sortez-les de nos listes, on n'en veut plus. »
Je dus avouer ma fatigue. En guise de compassion, le Régent, vexé, me décocha sa dernière flèche : « Eh bien, la prochaine fois, démarrez par la Californie... »
Il n'y eut malheureusement pas de prochaine fois.

L'Amérique du Nord, avec la place financière de Londres, significativement investie par les succursales des grands investisseurs américains, concentre l'essentiel des voyages à l'étranger pour un analyste du continent européen. Rien de plus normal : c'est là que se trouve l'argent.

On pourrait aussi mentionner les roadshows dans les grandes places européennes, notamment Genève, Bruxelles, Luxembourg, Francfort et Milan, qui brassent elles aussi beaucoup de capitaux et donc de sources de commissions pour les courtiers. Les échanges y sont cependant assez proches de ceux que l'on peut avoir avec un investisseur français.

En revanche, les roadshows au Japon et au Moyen-Orient sont, eux, presque aussi exotiques que les roadshows londoniens ou états-uniens.

Le roadshow au Japon, par exemple, est l'antithèse du roadshow américain. A Tokyo, vous ne rencontrez que des investisseurs extrêmement courtois, n'osant jamais vous interrompre pendant que vous débitez votre logorrhée de chiffres, recommandations et analyses boursières. A la fin de ces échanges, qui se déroulent souvent autour d'une table basse permettant le service du thé, l'investisseur japonais vous posera rarement une question sur vos analyses. Il tentera en revanche d'en savoir plus sur votre mode de réflexion, vos critères de sélection d'une valeur. Et, s'il ne discutera jamais vos recommandations finales, il saura reprendre à son compte votre approche, votre méthode, pour éventuellement l'intégrer dans ses décisions d'investissements. Mais de cela non plus il ne saurait être question. Ces choses-là sont des secrets qui ne se partagent pas.

Dans un autre style, les déplacements vers la péninsule arabique et les pays du Golfe peuvent être fréquents pour un analyste européen. Dans ces émirats, des institutions d'Etat sont spécialement créées pour permettre à ces pays de reconvertir leurs actifs périssables – leurs réserves de pétrole – en des actifs durables et en croissance. Immobilier, obligations, actions, matières premières : tout est bon pour recycler et pérenniser l'or noir. Les montants effectivement gérés par ces institutions sont des secrets d'Etat aussi bien gardés que les codes de déclenchement de l'arme nucléaire française. Un *insider* d'une de ces institutions me suggérait une fourchette large, comprise entre 2 000 et 5 000 milliards de dollars.

119

Quand vous vous retrouvez en face de cette réalité-là, vous bredouillez à peu près aussi sûrement que
devant le Régent californien, au bout d'une semaine de
campagne à sillonner les Etats-Unis d'Est en Ouest.
Pourtant, devant ces fonds-là, en apparence classique-
ment gérés par des analystes buy-side européens pour
la plupart, la discussion autour des thèmes d'investissements prend rapidement une tournure étrange. Les
critères d'investissement bougent. Ils seront plus
souvent associés à d'autres négociations dont vous ne
connaîtrez jamais la teneur, mais qui ont l'odeur des
secrets d'Etat. Là-bas, vous aurez beau déblatérer
toute votre science sur la WACC, l'EBITDA, la création de valeur et la réglementation audiovisuelle française, rien n'y fera. Si l'un des administrateurs
– souvent un membre des familles régnantes – a
décidé d'investir ou de vendre ses actions dans tel
groupe de télévision transalpin, tel conglomérat hexa-
gonal ou telle plate-forme satellitaire insulaire, il est
vivement déconseillé de proposer une vue contradic-
toire. L'analyste est là pour donner le maximum
d'arguments techniques, financiers, qui permettraient
de légitimer une décision déjà prise.

En somme, il existe à peu près autant de styles de
roadshows qu'il existe de pays et de centres financiers
dans le monde : chaque investisseur a sa culture et ses
attentes propres.

Avec le recul, ce ne sont pas les différences innom-
brables que j'ai retenues de ces roadshows, mais bien
leurs rares points communs. Il n'y en a finalement que
deux : la langue anglaise, seul véhicule toléré pour

transmettre ses analyses et opinions financières ; et l'urgence dans laquelle travaillent tous ces investisseurs, aux quatre coins de la planète Finance.

Au fil de mes roadshows, cette planète Finance m'est apparue à peu près aussi bizarroïde que l'astéroïde B 612 du Petit Prince de Saint-Exupéry. Sauf que je n'y ai jamais entendu : « S'il te plaît, dessine-moi un mouton. » Je percevais en revanche un mot d'ordre général, bien plus pratique et concret : « Prends l'oseille et tire-toi. » Ce que l'on traduisit en anglais par : « *Take your money and run* », jusqu'à ce qu'une célèbre firme texane ne propose un slogan plus définitif : « *Take your money, ENRON.* »

Sans doute le raccourcissement des distances géographiques, ajouté à cette bougeotte fébrile des capitaux mondiaux, n'a pas aidé les gens de finance à totalement garder les pieds sur terre ces dernières années. Et, au lieu d'analyser les entreprises, non pas pour ce qu'elles sont – des communautés d'hommes et de femmes ancrées dans des territoires, avec leurs contraintes et leurs ambitions propres –, ils finirent par les considérer pour ce qu'ils voudraient qu'elles soient : des sous-jacents dématérialisés ne connaissant d'autres limites que le haut et le bas d'un écran boursier.

On dit que les adolescents d'aujourd'hui, surexposés à des jeux vidéo toujours plus violents, réalistes et sophistiqués, ont de plus en plus de mal à faire la différence entre le réel et le virtuel. Leurs aînés dans les salles de marché ne donnent-ils pas l'exemple à suivre, à chaque journée de Bourse ?

« Et vos intérêts minoritaires ? »

L'analyse financière, les roadshows, c'est cela aussi. Du marketing poussé à outrance. Des « contacts clients » à maximiser dans le délai le plus court. Des messages ou plutôt des impressions à délivrer. Le métier a bien ce côté de voyageur représentant de commerce, parfois dans ses aspects les plus caricaturaux.

Il demeure que ces échanges sont essentiels pour l'analyste comme pour les investisseurs. C'est finalement là que se fait le vrai marché, celui des opinions échangées, débattues, des points de vue qui se croisent et s'entrechoquent.

L'analyste en chambre qui ne sort jamais de son bureau, qui ne va jamais confronter ses idées avec le monde extérieur est définitivement hors marché. Hors jeu. Comme la rédaction d'un quotidien de presse qui ne lirait jamais le courrier de ses lecteurs. Ou une entreprise de grande consommation qui ne ferait jamais de sondage, ou de marché-test, pour vérifier, mesurer constamment l'intérêt de ses produits.

Ces roadshows-là sont parfaitement légitimes, et même essentiels au bon fonctionnement des marchés. Mais il existe d'autres formes de roadshows, pour lesquelles le jugement sera plus nuancé. Il s'agit des « roadshows sociétés », où l'analyste financier se transforme en agence de voyages pour les sociétés dont il est censé assurer la couverture.

Le principe d'un roadshow société est le suivant : les sociétés de Bourse organisent, pour le compte des sociétés cotées, des rendez-vous avec des investisseurs institutionnels dans les places financières choisies par les entreprises.

Cela peut paraître surprenant de prime abord, mais cette activité d'agences de voyage est particulièrement rentable pour une société de Bourse. Le principe est simple : plus la société de Bourse organise des rendez-vous entre ses clients, les investisseurs, et les entreprises cotées, plus les investisseurs sont censés la remercier en retour, en lui donnant des commissions.

Ces remerciements sont parfois encadrés par un barème strict et rigoureux en apparence. C'est ce que font les principaux investisseurs dans le monde, à travers un système de votes. Les investisseurs vont ainsi attribuer des notes, chaque semestre ou chaque trimestre, aux différentes maisons de courtage. Typiquement, un investisseur attribuera des points pour l'exécution de ses ordres de Bourse (le travail des traders), le contact commercial quotidien (le travail des vendeurs), la recherche (le travail des analystes), et enfin l'organisation des voyages ; roadshows, one-on-ones (le travail du département marketing)...

Des roadshows pour des sociétés, j'en ai organisé des dizaines, essentiellement dans deux directions : des sociétés françaises partant faire la tournée des investisseurs à l'étranger ; et des sociétés étrangères cherchant à mieux se faire connaître et apprécier des investisseurs français.

Ces roadshows sont un enjeu important pour les sociétés : elles s'affichent à côté d'un courtier qui, dans 99 % des cas, a une opinion très positive sur eux. Un peu comme un sponsor qui viendrait les recommander aux grands investisseurs.

Mais ces roadshows sont aussi un enjeu vital pour les sociétés de Bourse : présenter à un investisseur étranger les dirigeants de Publicis, Lagardère, NRJ, ou présenter les dirigeants de BSkyB, Mediaset, Carlton à la place de Paris... crée des espérances de commissions sonnantes et trébuchantes pour les courtiers.

Les sociétés de Bourse se battent entre elles pour obtenir le privilège d'organiser ces voyages. Tout y passe dans les registres de la relation client et du marketing, mais le premier sésame pour obtenir ces road-shows, c'est... l'opinion de l'analyste. C'est assez logique : imaginez un courtier venant présenter une société à ses investisseurs en disant : « Ecoutez-les, c'est passionnant, mais nous on n'y croit pas une seconde, vendez tous vos titres dès que vous pouvez. » En six ans de métier, je n'ai jamais rencontré de tels masochistes.

Ces roadshows sont donc des moments riches et privilégiés pour l'analyste, ici rémunéré pour bien s'entendre avec les dirigeants des entreprises qu'il juge et évalue au quotidien. Il existe des métiers plus pénibles.

Et après tout, pourquoi pas? C'est très clairement pendant ces roadshows que j'ai pu comprendre au plus près les motivations, les dynamiques, les caractères profonds de ces quelques personnes qui façonnaient leur entreprise jour après jour, quand ils ne l'avaient pas créée. Quand vous passez une semaine d'affilée, plus de 14 heures par jour à regarder vivre, réfléchir, agir, décider une personne, elle ne peut pas vous mentir de bout en bout, à moins d'être un très grand acteur. Et encore, dans ce dernier cas, la personne serait identifiée comme telle.

Moments riches et privilégiés pour l'analyste, ces roadshows sont-ils aussi profitables aux dirigeants? On peut s'interroger. Lorsque le dirigeant est en face d'un Fidelity, d'un Putnam, d'un Axa, d'un Franklin Mutual qui est de facto son premier, deuxième ou troisième actionnaire, l'investissement en temps n'est pas ici utile, il est obligatoire. Il s'agit de rendre des comptes à ces très grands investisseurs, raisonnant le plus souvent sur des durées d'investissement longues, et exerçant pleinement leur pouvoir et leur responsabilité d'actionnaires.

Mais lorsque le dirigeant se retrouve en face de ces investisseurs zappeurs, qui le bombardent de questions sur la création de valeur aussi pointilleuses qu'inutiles, pour finir par répliquer dans leur portefeuille le poids de cette société dans les grands indices, son temps est-il bien employé?

Je m'en suis beaucoup voulu d'avoir, rétrospectivement, fait perdre des heures précieuses à certains de ces dirigeants. Ainsi de ce roadshow parisien au printemps 2003, avec le groupe Mediaset, dont l'actionnaire majoritaire n'est autre que le président du Conseil italien, Silvio Berlusconi.

Le groupe Mediaset, qui a une histoire compliquée avec les médias français depuis l'épisode de la 5 et de TF1, était à l'époque soucieux de renforcer sa réputation sur la place de Paris. Je les contactai donc : feu vert, à moi de leur organiser ce roadshow parisien.

Ils sont venus en force : le président, Fedele Confalonieri, son directeur financier, Marco Giordani, et le directeur des relations investisseurs, Simone Sole.

Fedele Confalonieri est un monument. Ami d'enfance de Silvio Berlusconi, il a fait une très grande partie de la fortune de ce dernier, en créant puis développant son empire dans la télévision. D'une culture immense, capable de réciter des pages entières de Dante et de Saint-John Perse, parlant un français académique et pas seulement pour des raisons familiales, d'un humour ravageur et parfois bienveillant, ce président de la Scala de Milan est un prince, et tant pis pour ceux qui pensent que Machiavel n'est jamais très loin.

J'accueille donc ce Mazarin de la culture et de l'audiovisuel européen. Il était de fort bonne humeur. Paris resplendissait sous un beau soleil de printemps. La journée démarrait on ne peut mieux. Elle devait tourner au cauchemar.

Dès les premiers rendez-vous avec les investisseurs français, le ton fut donné. S'étaient-ils passé le mot ? Ce fut un festival de questions imbéciles, rabougries, inexactes, démontrant à chaque fois une méconnaissance affligeante de ce géant industriel et financier, qui venait de prendre le contrôle de la première chaîne privée espagnole, Telecinco. Et qui pourrait demain contrôler des pans entiers de l'audiovisuel européen avec son ami Rupert Murdoch, si les choses devaient suivre leur cours.

En lieu et place de ces questions stratégiques, le management de Mediaset dut subir la litanie des questions inutiles et pointilleuses : « Comment retraitez-vous le calcul de votre EBITDA dans le pro forma ? Et vos intérêts minoritaires ? Et la conversion en US GAAP ? Et... »

L'horreur. Il y eut quelques exceptions du côté de la place des Etats-Unis, quelques clients sérieux qui savaient qu'ils avaient en face d'eux, non pas un expert-comptable junior, mais le dirigeant historique d'un empire de 13 milliards d'euros de capitalisation boursière. Mais au bout de trois, quatre rendez-vous, l'humeur naturellement joviale et positive de la squadra s'était sérieusement assombrie.

Après un déjeuner dans un grand hôtel parisien, gâché par les mêmes questions, et où nous fûmes littéralement privés de dessert, nous partions pour un meeting important, chez Grosse Banque Asset Management, l'un des plus gros intervenants de la place. Je prévenais immédiatement l'équipe de Mediaset de ce qui les attendait : les gérants là-bas sont intelligents, ouverts, intéressés ; mais, problème, il y aura aussi l'analyste buy-side.

C'est la pire des configurations, l'analyste buy-side et le gérant se phagocytant dans une compétition stérile de pouvoirs et de légitimité... Le gérant est celui qui décide d'investir. Le buy-side formule des recommandations techniques. Libre au gérant de suivre ou pas. Mais s'il ne suit pas la recommandation et qu'il a tort dans la semaine – car ces grandes maisons évaluent désormais leurs performances en semaines –, malheur au gérant qui perd un peu de son pouvoir, de son autorité. Pendant ces rendez-vous avec les sociétés, l'analyste buy-side se croit souvent obligé de déverser des tombereaux de questions techniques et précises, ce qui a pour effet d'empêcher la société de bien expliquer sa stratégie. Frustrations, crispations autour de la table. Les one-on-ones, ou comment transformer une occasion de mieux connaître les attentes et objectifs de chacun, en séance de torture comptable.

Après avoir fait le chauffeur de taxi depuis le restaurant jusqu'au siège de Grosse Banque Asset Management, je laissai l'équipe de Mediaset aller seule à ce jeu de massacre annoncé. Car Grosse Banque AM, pour faire chic à l'image de quelques rares maisons anglo-saxonnes un peu étranges, demandait aux analystes de ne pas assister à l'entretien. Toujours agréable d'être ramené à sa condition de voyagiste.

Pas moins d'une heure et demie plus tard, 90 minutes de temps pris sur des agendas de plus-que-ministres, je retrouve les dirigeants de Mediaset, la mine décomposée, et légitimement de très mauvaise humeur. Je venais de leur faire perdre un temps précieux.

Je commençais de leur exprimer ma gêne lorsque Fedele Confalonieri me coupa dans un sourire : « Ce n'est pas bien grave, cela fait partie du job. L'actionnaire est roi. »

Quel gâchis ! Il faudra bien qu'un jour les dirigeants d'entreprises réussissent à renverser la vapeur dans leur rapport aux investisseurs.
On tient toujours son pouvoir de quelqu'un d'autre. Souvent parce qu'il a été abandonné. Si les investisseurs ont récupéré autant de pouvoir, c'est parce que les entreprises ont cru bon de le leur confier.
Au fil de mes années d'analyste financier, j'effectuais auprès des dirigeants d'entreprises un sondage informel, pour savoir le temps qu'ils consacraient à la communauté financière, au sens large.
Sur ces déclarations, la fourchette tournait autour de 15-20 % pour un président de société, et de 25 à 35 % pour un directeur financier. C'est énorme.
La cerise sur le gâteau revient sans doute à ces dirigeants du CAC40, que je ne nommerai pas, et qui se croient obligés de passer du temps à expliquer leurs chiffres et stratégies à... des *hedge funds* ! S'étant laissé convaincre que ces intermédiaires bruyants et erratiques étaient des leaders ou des prescripteurs sur les marchés actions (alors qu'ils représentent moins de 2 % du marché, source Merrill Lynch/Van Hedge), de nombreux dirigeants se mirent à recevoir ou visiter toutes ces firmes, dont le nom se termine souvent par « Capital Management ». A l'issue d'un entretien de deux heures dans le fin fond du Connecticut, ce PDG d'un grand groupe français pesant plus de 5 milliards d'euros en Bourse finit par demander aux *hackers*

financiers qu'il avait en face de lui, leur position sur sa société. Au bout de quelques secondes de gêne, où le courtier se mit à suer à très grosses gouttes, lesdits hackers lui répondirent benoîtement : « Ecoutez, nous shortons (jouons à la baisse) votre titre depuis trois mois, et nous couvrons cette position en étant long (en étant acheteurs) de votre principal concurrent. Quand votre action aura baissé de 30 %, nous clôturerons la position (nous arrêterons de jouer la baisse de votre titre). »

Plus résignés que convaincus de bien investir leur temps, les dirigeants courent donc les roadshows, les déjeuners investisseurs, les one-on-ones, et, le fin du fin, les conférences industrielles.

**« Nous savons prendre des risques mais nous sommes disciplinés :
l'histoire nous a appris à être prudents. »**

Assis sur le ponton du yacht que nous avions loué
pour l'occasion, Arnaud Lagardère précisait en ces
termes la stratégie d'investissement du groupe qui
porte son nom.

Il jette un coup d'œil circulaire à son auditoire. Ils
sont tous là : les gérants, et analystes buy-side de Futility, Golden Bear, Silver Bull, Périgord Asset Management, etc. La crème de la crème des investisseurs dans
les médias européens s'était donné rendez-vous à la
conférence médias du Crédit lyonnais Securities
Europe.

« Questions, anyone ? »

Une, deux secondes de silence. Il faut dire que
l'exposé d'Arnaud Lagardère avait été particulièrement dense. En une vingtaine de minutes, il avait
balayé tous les sujets stratégiques majeurs de son
groupe. Quel destin pour EADS, ce géant mondial de
l'aéronautique et de la défense, impulsé par Jean-Luc
Lagardère, et que le groupe Lagardère codirige avec à
peine un sixième du capital ? Quelle stratégie de déve-

loppement dans les médias, entre les radios, les livres, les magazines ? Fallait-il continuer de se renforcer en France, ou grandir par acquisitions à l'étranger ? Et Vivendi qui s'effondrait sous nos yeux : Lagardère allait-il récupérer quelques morceaux de l'empire ? Arnaud Lagardère n'avait laissé aucun sujet de côté, s'exprimant dans un américain très naturel. L'auditoire était frappé par l'assurance affichée de celui qui était destiné à prendre les commandes du groupe Lagardère un jour. Personne n'imaginait que nous n'étions qu'à quelques mois de cette échéance, avec la disparition brutale et prématurée de Jean-Luc Lagardère.

L'auditoire était frappé, mais aussi quelque peu éreinté. Il faut dire que cette conférence médias, en plein festival du film de Cannes, avait un programme nocturne particulièrement chargé.

Montées des marches, projections de films, soirées VIP jusqu'à l'aube, rien ne leur était épargné. La conférence médias du CLSE à Cannes, c'était le rendez-vous du printemps à ne pas manquer.

J'allais solliciter une question lorsque les investisseurs sortirent de leur torpeur. C'était parti pour un festival de questions usuelles : « Commandite... Décote de holding... allez-vous racheter Canal Plus... et la musique... »

Ils avaient beau être en short et chemises à fleurs, sirotant qui un Mojito, qui un Schweppes... pendant qu'Arnaud Lagardère terminait son Diet Coke, la décontraction n'était qu'apparente. Les décisions d'investissement se prendraient le soir même, avec celles des équipes restées à New York, Boston, Londres, Paris.

132

Arnaud Lagardère le savait, et devait peser chacun de ses mots.

Ces conférences organisées par les courtiers autour d'une industrie ne sont pas dénuées d'intérêt. Ainsi, chaque année, le ban et l'arrière-ban de l'industrie mondiale des médias se donnent rendez-vous à New York, Londres, Barcelone, Madrid, Los Angeles... pour venir plancher face aux plus grands investisseurs de la planète, réunis par les plus grandes maisons de courtage.

Au Crédit lyonnais, nous n'avions pas les moyens de ces méga-conférences avec plusieurs centaines de participants. Alors il a fallu innover. Faire plus petit, mais mieux. Et pourquoi pas aller franchement dans le *casual*, plutôt que ces conférences lourdes, longues et anonymes où il ne s'échange rien à part de l'argent ? Le *casual*, mais le *casual* chic : ce serait le festival de Cannes. Ainsi, tous les ans, je réunissais quelques-uns des dirigeants européens de médias pour qu'ils rencontrent, sur deux-trois jours, une douzaine des investisseurs les plus actifs ou les plus significatifs sur les médias dans le monde.

Avec mes équipes, nous étions assez fiers de ces conférences au style décontracté, ludique, où les échanges entre dirigeants d'entreprises et investisseurs étaient sans doute moins codés et plus authentiques que dans les grand-messes où chacun vient en représentation.

Mais je devais rapidement m'apercevoir que nous étions des petits joueurs, un peu trop bon enfant et peut-être naïfs, à côté des prestations qu'offraient nos plus grands concurrents.

Fin 2002, l'un des tout premiers courtiers européens a l'idée saugrenue de vouloir me débaucher. C'est toujours flatteur, ces désirs de débauche de ma petite personne. Je me rends donc chez le chasseur de têtes préposé à cette mission, du côté des Champs-Elysées. Entretien rapide, genre « ils vous connaissent, ils ont très envie de vous, et vous ? ». Je l'interroge sur la puissance de distribution, de marketing de ce courtier, citant en contre-exemple la façon dont nous organisions nos conférences, avec les moyens limités du bord. Ainsi, pour certaines de nos conférences à Cannes, à Deauville, je passais une bonne partie de mon temps à coordonner les arrivées des uns, les réservations de chambres des autres, convaincre les dirigeants de venir à la dernière minute, etc. Aspect artisanal sympathique, mais assez chronophage.

A ce moment précis, le chasseur de têtes sort le grand jeu : « Ouh là, ne t'inquiète pas là-dessus (tutoiement de rigueur, pourquoi pas, je le connaissais depuis 10 minutes) ! Ce sont de vrais pros. Au service marketing, ils sont une vingtaine. Une armée de petites mains expertes, tu n'as pas à t'en soucier. Ils font ça très bien d'ailleurs. A force d'inviter plusieurs fois par an depuis dix ans les mêmes investisseurs, ils ont une base de données ultrafine sur les goûts, les attentes, les désirs de tout ce petit monde. Avec qui va aller untel, pourquoi il vaut mieux inviter Machin avec son épouse, ou avec sa nièce. *Full room service*, si tu vois ce que je veux dire. »

Je regarde mon interlocuteur terminer son développement par un clin d'œil suggestif.

Je n'ai pas donné suite à cette proposition d'une maison très prestigieuse, mais où rien, absolument rien ne semblait laissé au hasard ou à l'esprit d'initiative, du travail quotidien des analystes à la géographie des chambres d'hôtel pour clients en manque de *full room service*. Le caractère entrepreneurial du Crédit lyonnais Securities Europe me convenait beaucoup mieux.

Full-room service. Si je n'avais pas fait la connaissance de John Benchmark Senior quelques mois plus tôt, je n'aurais jamais pris au sérieux ce chasseur de têtes me suggérant que les soutiers du Palais Brongniart pouvaient se transformer en animateurs de maisons closes pour le plus grand bien de la création de valeur. Et avec l'argent des épargnants.

CHAPITRE 6

Le Puritain

« The Puritan »

15 h 40. Accompagné de mon fidèle *salesman*, nous arrivons un peu en avance pour notre rendez-vous avec l'un des principaux gérants de la Golden Bear Asset Management, l'un des principaux rivaux de Futility.

John Benchmark Senior est un personnage considérable. C'est le modèle senior du John Benchmark junior aperçu à Londres au chapitre 2. En 25 ans, il a gravi tous les échelons de la Golden Bear. Ne lui manque que la charge suprême, le bâton de maréchal qui ferait de lui l'un des hommes les plus puissants de cette planète : *chief investment officer*. L'investisseur en chef. Le « CIO » de Golden Bear Asset Management est ce généralissime censé commander à plus de 500 milliards de dollars que lui ont confiés les épargnants de ce monde : retraités et futurs retraités américains, britanniques, Européens fortunés en mal de placements boursiers.

CIO de Golden Bear ! John Benchmark Senior en rêve le jour, et n'en dort pas de la nuit. Ils ne sont plus qu'une dizaine à pouvoir prétendre au poste. Or, il part avec un gros handicap dans cette course aux rats : à lui la tâche ingrate de superviser les investissements *overseas*, comprenez tout ce qui n'est pas états-unien. *Overseas* ! Au-delà des océans. Il y a de quoi avoir le mal de mer. *Overseas*, c'est le cauchemar de beaucoup de gérants américains. *Overseas* est synonyme de voyages, loin de la maison. De rencontres avec des indigènes aux mœurs bizarres, qu'elles soient culinaires, comportementales ou comptables.

De façon indifférenciée, John Benchmark Senior doit donc choisir d'investir les fonds de Golden Bear partout dans le monde, du Canada au Japon, de la Scandinavie à l'Afrique du Sud, de la Chine à l'Espagne en passant par l'Inde, la Russie, l'Amérique latine. Et, parfois, la France.

Pauvre de lui ! Tant de langages, de cultures d'entreprises, de lectures comptables, de règles différentes. Oui, cet overseas est bien une jungle, sa terra incognita située aux confins de l'Empire. Terre inconnue, donc forcément hostile, tautologiquement peuplée d'étrangers imprévisibles parce qu'incompréhensibles. Or, l'Empire américain se situant naturellement au centre du monde depuis un siècle, ce pauvre John Benchmark Senior est cerné de terrae incognitae ! Il en existe autant qu'il y a de places financières : des dizaines de par le monde.

Je nourris une certaine appréhension avant ce rendez-vous. C'est la première fois qu'un analyste du

Crédit lyonnais Securities Europe voit John Benchmark Senior. Vais-je être à la hauteur? Comment m'y prendre pour le persuader de m'accorder ses votes, ses faveurs?

« *KISS.* »

Peter Dog, c'est le surnom de mon *salesman*, me donne une clé surprenante pour réussir mon rendez-vous avec M. Benchmark Senior : « *Kiss !* »

L'analyse financière serait-elle dévoyée à ce point? Nous étions en pleine campagne de roadshow, il s'agissait de gagner la confiance et les votes de M. Benchmark Senior pour obtenir un maximum de commissions en provenance de Golden Bear. J'étais prêt à beaucoup de sacrifices personnels, mais de là à faire un *kiss* à M. Benchmark Senior en plein one-on-one...

Je lève un sourcil vers mon salesman.

« Mais oui, Edouard : KISS ! Tu ne connais pas la KISS strategy? *Keep It Simple, Stupid !* Rends-toi compte : John Benchmark Senior et ses équipes gèrent plus de 3 000 participations cotées dans le monde. Il t'accorde 30 minutes pour parler des médias en Europe, c'est déjà considérable. Alors, fais au plus simple. Quand il comprend de quoi on lui parle, il achète neuf fois sur dix. A ta place, je lui proposerais des choses ultra-simples : du Mediaset, du Havas. Ou encore mieux : des valeurs britanniques. Ça, il connaît bien, forcément. »

« Forcément », M. Benchmark Senior connaît bien les valeurs britanniques. Ses voyages en Europe se limitent en général à Londres, c'est plus pratique pour la langue, les codes comportementaux, et les lignes d'avions régulières.

« *Keep It Simple, Stupid!* » 15 h 50. Je sombrais dans un demi-sommeil de décalage horaire, lorsqu'un petit objet noir, perdu au milieu de la salle d'attente où nous étions, capta ce qu'il me restait d'attention et de neurones.

Je m'approche de la Chose, juchée sur un socle : c'était une statue. Une statuette, plutôt, dans un bronze bizarre. Un bronze si noir qu'on aurait dit du charbon. La Chose commence à prendre forme. Elle siège au milieu de cette salle d'attente, où Golden Bear reçoit ses visiteurs les plus anodins, les analystes, comme les plus prestigieux : ses clients, investisseurs fortunés ou représentants des caisses de retraites de collectivités locales (écoles, administrations) et d'entreprises. C'est ici aussi que doivent sagement patienter les dirigeants des entreprises dans lesquelles Golden Bear a daigné investir. La grande majorité des dirigeants du CAC40 a dû passer par cette salle, pour venir rassurer M. Benchmark Senior sur leurs résultats et leurs perspectives.

La Chose doit avoir une certaine importance, pour tenir cette place centrale chez Golden Bear, être ainsi offerte au regard des visiteurs. Je la contemple donc. Il s'agit d'un homme, chapeau à large bord, dos voûté, faisant mine de tirer une charge. On le dirait sorti d'un western en noir et blanc, d'un roman de Charles Dickens ou d'Emile Zola. Son visage est grave et plein de rictus. La bouche est ouverte, les yeux fermés. Il souffre. Est-ce un mineur sorti de sa mine ? Pas vraiment, ses vêtements dénotent une certaine richesse. Il ferait plutôt penser à un Bourgeois de Calais que Rodin aurait miniaturisé et raté. Il respire la sueur, la douleur et la tristesse. Et, comme les Bourgeois de Calais, il y a de la résignation et du devoir dans cet homme statufié, qui semble aller droit à l'abattoir après des journées ingrates de métro-boulot-dodo. S'il parlait, il dirait sans doute : « On n'est pas là pour rigoler. » Ou plutôt : « J'en ch... mais qu'est-ce que j'en ch... ! »

Ainsi donc, il y aurait un brin d'humanité dans cette entreprise aussi désincarnée que Golden Bear ? Dans ce tombeau d'argent alimenté par tous les riches et prévoyants retraités de la terre, il y aurait une allégorie de la condition humaine ? « Allez-y, profitez de votre opulence et de votre impotence, mesdames et messieurs les retraités, je travaille pour vous. Mais profitez-en vite, pauvres mortels, car bientôt je prendrai votre place. »

Cette interprétation commençait à me plaire lorsque je dus me rendre à l'évidence : j'avais tout faux. La Chose avait un nom, en lettres gravées sur cuivre doré : « The Puritan ».

Le Puritain. J'aurais dû y penser plus tôt : nous étions dans cette ville proprette de la côte Est des Etats-Unis, un des lieux saints de la société WASP américaine. Le Puritain ! Le petit homme en noir n'est pas dans la salle d'attente de Golden Bear pour se lamenter sur la condition humaine, exalter les valeurs du travail et de la sueur contre les saveurs du capital et de l'oisiveté. Il n'est pas là pour parler de cette vallée

141

de larmes du genre humain. Il est là pour clamer sa Foi dans la rigueur, la sobriété, le travail harassant pour le plaisir de travailler et d'être harassé. Quel magnifique gage de probité !

« Vite, mesdames et messieurs les épargnants, envoyez toutes vos économies, tous vos dons à Golden Bear Asset Management : ils ne plaisantent pas avec l'argent, surtout si c'est le vôtre. Ils le laboureront, le travailleront, le placeront partout dans le monde selon les critères les plus stricts et les plus puritains.

Rassurez-vous, avec Golden Bear, votre argent de besogneux économes sera placé par de besogneux investisseurs. Avec eux, pas d'entourloupes : de la *corporate governance*, de la responsabilité sociale, du développement durable et tellement d'autres mots encore. Les filles, les hôtels de luxe, la classe affaires, c'est les autres ! Et si après avoir placé toute votre épargne chez nous, il vous en reste encore sous le matelas, pensez à contacter Golden Bear Caymans. Les paradis fiscaux, avec Golden Bear, c'est l'assurance de la propreté. »

Le Puritain. Ce mot, cette culture me sont totalement étrangers. Le concept et sa réalité ne sont d'ailleurs pas français, ni latins. Dans cette partie sud de l'Euroland où je suis né, on a tendance à se méfier de ce puritanisme affiché, cette vertu autoproclamée. Nos grand-mères ne disent-elles pas : « qui fait l'ange fait la bête » ? L'enfer économique peut être pavé de bonnes intentions éthiques.

Le Puritain. Faisons un calcul rapide : Golden Bear, c'est 500 milliards de dollars sous gestion. Golden

Bear prélève chaque année une petite commission de gestion, justement pour gérer tous ces milliards. Oh, trois fois rien, en général autour de 1 à 2 %, disons 1,5 % : une paille.

Mais 1,5 % de 500 milliards de dollars, c'est quand même une paille de 7,5 milliards de dollars.

Qu'est-ce que le Puritain de Golden Bear peut bien trafiquer chaque année avec 7,5 milliards de dollars de frais de gestion, généreusement abandonnés par les épargnants ? C'est simple : il arrose. Il arrose la communauté financière avec tout cet or, en attendant qu'elle le lui rende bien.

D'abord, le Puritain de Golden Bear arrose les courtiers, les intermédiaires en actions : c'est obligatoire, dès qu'il passe un ordre en Bourse, dling, le Puritain donne des commissions aux courtiers. Ces derniers n'hésitant pas à lui en redistribuer une grande part, pour le plus grand bien de leur relation commerciale. On appelle cela des rétrocessions de commissions. En français courant : l'investisseur sort de l'argent de sa poche gauche, distribue quelques pièces pour ses copains courtiers, et remet l'argent restant dans sa poche droite.

Pour continuer de jouer longtemps à ce jeu intelligent, le Puritain est tout de même obligé de donner un peu d'argent à ceux qui ont été chercher tous ces milliards : ce sont vos banques, vos caisses d'épargne, vos conseillers en assurance-vie qui drainent l'argent, comme de bons rabatteurs, vers ces molochs des marchés. Heureusement, après tout ça, le Puritain garde de quoi se payer : normal, regardez la statue, qu'est-ce qu'il en bave, le pauvre vieux, à gérer vos milliards !

143

Sans doute. Mais faisons un autre calcul. Fin 2003, les dix plus gros Golden Bear et Futility du monde géraient plus de 7 000 milliards de dollars (source : IPE/ Merrill Lynch). Imaginons que, sur les 1,5 % de commissions qu'ils prélèvent en moyenne chaque année sur votre épargne (plus de 100 milliards de dollars), ils consacrent 0,1 % à une fondation, qu'on appellerait The Futilities Foundation. En un an, cette fondation engrangerait 7 milliards de dollars. C'est à 200 millions de dollars près ce que coûterait l'effacement de la dette des pays africains les plus pauvres et les plus endettés [1]. Cela représente aussi un demi-siècle de budgets annuels du programme UNAIDS.

Je regarde à nouveau ce Puritain en mauvais bronze, avec une envie sérieuse de lui faire un croche-pattes. Et si, à sa place, on avait mis... le Bon Samaritain ! « Avec Golden Bear et ses associés, la pauvreté dans le monde régresse chaque année de plusieurs milliards de dollars. » Voilà un beau projet, qui transformerait nos petits porteurs de SICAV en vecteurs de générosité. La Bourse ou la vie ? Non, la Bourse pour la vie !

Je sens que même ce Bon Samaritain commence déjà à vous lasser, avec sa vertu en bandoulière.

Dommage. Mais si l'on ne peut forcer personne à être vertueux, est-on pour autant obligé d'afficher cette arrogance puritaine, d'infliger à la face de tous, non seulement des milliards déversés inutilement dans les benchmarks et autres outils des Futilities, mais encore

---

1. Source : NEPAD, Banque mondiale, FMI : « *Total cancellation of all debt repayment of the post-Decision Point African HIPCs due over the next five years would cost some $6.8 billion.* »

cette morale ignoble : « Je gère votre fric, c'est dur, alors faites ce que je vous dis : licenciez, délocalisez, surperformez. »

Elle manque un peu d'humilité et d'humanité, de vie vraie, cette statue noire comme la mort.

Puritain ? Bon Samaritain ? 15 h 55. Dans 5 minutes, John Benchmark Senior. KISS... *Keep It Simple*. Restons simple. KISS... Restons calme. KISS... la Samaritaine !

C'est la Samaritaine qui devrait trôner au milieu de cette pièce ! Elle aurait quand même plus d'allure ! Imaginez, au milieu de tous ces milliards, une statue en pied de cette bonne vieille Samaritaine, version postmoderne, toujours bien en chair, mais les larmes aux yeux : « Je m'appelle Futilité. J'ai péché. Je vous ai trompés et je me suis trompée comme jamais pendant toutes ces années. J'ai brûlé votre épargne dans les start-up, les dot.com, les ENRON, les WORLDCOM, les boo.com, les Vizzavi. Je ne peux pas m'en empêcher. Pardon, pitié pour cette pauvre hère qui vous a ruinées, et qui va recommencer ! »

La statue serait un peu sexiste de ce côté-là de l'Atlantique, mais elle rendrait peut-être, par son humilité, tous ces gens d'argent un peu moins illégitimes à nous dicter leur loi.

16 heures : « *So, you must be Edouard Tétreau ?* » John Benchmark Senior fait irruption dans la salle d'attente. Son style à lui, ce serait plutôt le Dernier Samaritain, le colt à la hanche, la calculette entre les dents.

John Benchmark Senior : « I believe corporate governance creates value for the sharholder. »

M. Benchmark Senior est un homme pressé. Nous rentrons au pas de charge dans son bureau.

« *Listen, guys, I am so busy I can't believe it. What do you have for me ?* » fut sa phrase de bienvenue : « Ecoutez les gars, j'ai tellement de boulot, je n'arrive pas à y croire. Qu'est-ce que vous avez pour moi ? »

Bonne nouvelle : John Benchmark Senior était d'une humeur acheteuse. Mais il fallait faire vite. Je prends la demi-douzaine de notes que j'avais embarquée avec moi, ainsi que l'incontournable présentation Power-Point et son baratin usuel : la vision macroéconomique, les thèmes du moment, invariablement construits suivant le même plan : 1re partie : « achetez ce qui vient de baisser », 2e partie : « vendez ce qui vient de monter », 3e partie : les chiffres.

Vite, une idée simple pour la stratégie KISS.

Les télévisions ? M 6, ProSieben ? Trop de réglementations dans ces télévisions européennes ! La loi sur les 49 %, les cahiers des charges du CSA, les seuils de concentration publicitaire, non, trop dur.

146

Il me restait une valeur dans ma besace. Une valeur simple à comprendre pour M. Benchmark Senior. Une valeur qui avait des comparables américains très bien valorisés, un modèle économique simplissime, des marges immenses. Je me lançai : NRJ !

« *You know NRJ* (prononcer *aine arrhe geais*) ? »

M. Benchmark Senior, intrigué : « Non, c'est quoi ? »

Bon début. « NRJ : c'est le seul groupe paneuropéen de radios, coté en Europe. Leader du marché français sur la publicité radio. La radio, un média de crise, simple, pas cher, facile à utiliser : faut y aller ! Les charges sont fixes, très basses : peu de journalistes, des tubes en boucle toute la journée, payés à prix cassés : NRJ est incontournable en France pour les maisons de disques. Et puis... » J'hésite un instant. Je regarde M. Benchmark Senior : « *Go on !* » Il en voulait, le bougre ! J'achève mon argumentaire sur cette société très contrôlée par son fondateur, qui détient encore 75 % du capital, après avoir créé sa station il y a une vingtaine d'années, bousculant les habitudes et les oligopoles. En somme, une culture d'entrepreneurs, de combat, et un emblème qui vaut tous les discours : une panthère noire fondant sur une proie imaginaire, la gueule grande ouverte.

M. Benchmark Senior m'arrête tout net : « *You must be joking !* Vous plaisantez ? Le fondateur a 75 % du capital ? Mais alors, il en fait ce qu'il veut ? Ça ne me va pas du tout, ça ! Et puis, le flottant, les actions qui s'échangent sur le marché, ça doit être microscopique, non ?

147

Un peu étonné, j'essaie de me défendre.

Le flottant est étroit ? Tant mieux. Ce qui est rare est cher. Il y a peu de groupes de radios cotés en Europe. Les rares actions disponibles vont logiquement s'arracher avec une prime.

Mais John Benchmark Senior ne l'entendait pas de cette oreille.

« 75 % du capital, mais c'est *insane* (insensé) ! Ils font ce qu'ils veulent aux assemblées, décident de tout, gardent le management même si nous, le marché, nous voulions le changer. Non, qu'est-ce que c'est que cette histoire ? Ça voudrait dire : pas d'OPA possible, pas de prime de contrôle. Non, ça ne va pas. Ça ne répond pas à nos critères de *corporate governance*, désolé. Mauvaise pioche ! (*Try again.*) »

Corporate governance : les mots magiques étaient prononcés. En 2001, l'expression *corporate governance* commençait d'être très populaire sur les marchés. Cette expression, intraduisible en français, parce qu'elle ne veut pas dire grand-chose en anglais non plus, signifie littéralement « gouvernement d'entreprise ». Allons bon, une entreprise contrôlée à 75 % serait réputée mal gouvernée. On marche sur la tête ! Je décide d'en avoir le cœur net.

« Je ne comprends pas votre objection. C'est une société surveillée par tout un tas de gens : le régulateur audiovisuel, les impôts, les commissaires aux comptes, la SACEM, le Conseil de la concurrence, Bruxelles, le déontologue, les 18 comités techniques radiophoniques de France et de Navarre (les CSA régionaux). C'est d'ailleurs un miracle qu'ils aient encore le temps

148

de faire leur métier avec cette avalanche de contrôles et de réglementations tatillonnes. Où est le problème de gouvernement d'entreprise pour une société aussi encadrée ? »

« Le problème, *young man*, c'est que, en tant que *senior portfolio manager* de Golden Bear, j'ai des critères d'investissements très stricts. Je ne peux pas investir dans des sociétés qui ne jouent pas le jeu du marché. Si je ne peux pas rentrer et sortir comme bon me semble dans une société, si en plus elle ne m'offre aucune perspective d'OPA, alors je n'y vais pas. C'est une question de règles. C'est même une question d'éthique. Voyez-vous, *I believe corporate governance creates value for the shareholder.*

« *I believe corporate governance creates value for the shareholder.* » En français : « Je crois que le gouvernement d'entreprise crée de la valeur pour l'actionnaire. » Il faudrait la traduire en latin pour récupérer tout son sens, ça commencerait par un *credo*.

Cette phrase est l'un des plus beaux souvenirs de mes années d'analyste. En une formule, quelqu'un m'avait résumé tous les désordres de la planète Finance.

« *I believe corporate governance creates value for the shareholder.* »

Je n'écoutais plus M. Benchmark Senior. Je connaissais par cœur la litanie de ses arguments, qu'il débitait comme un refrain de messe. « Administrateurs indépendants », « le pouvoir aux investisseurs institutionnels », « transparence », « *best practice* ». Les mots s'enchaînaient les uns après les autres, comme une profession de foi qu'il aurait apprise au berceau.

Je n'écoutais plus, car il avait tout dit dans cette phrase que l'on peut décortiquer ici ensemble, si l'on veut comprendre pourquoi tout est en place pour que nous vivions, à nouveau, des désordres comparables à la crise financière des années 1999-2000.

Les mêmes causes produisent les mêmes effets. Or, dans la tête de tous les John Benchmark Senior de la terre, dans les comités stratégiques des Futility Asset Management qui encombrent les places financières mondiales, rien n'a changé depuis ces années 2000-2001. La même phraséologie primaire est en place, le même prêt-à-penser règne. Plus qu'une philosophie : c'est une religion.

La phrase est en anglais, et nous sommes en plein désordre. Commençons donc par la fin.

« *To create value for the shareholder.* » La finalité du système, de tous nos efforts, vos efforts, c'est le shareholder, le porteur de parts, d'actions. Le client, l'employé, le pays, ce n'est pas l'affaire de M. Benchmark Senior. Pourquoi pas, il est a priori légitime. Golden Bear gère plus de 500 milliards de dollars, ce qui est en soi déjà respectable. C'est un fonds de pension, donc il prépare la retraite des travailleurs américains, britanniques, allemands, très bien, ce n'est pas inutile, c'est du long terme.

Et comment crée-t-on de la valeur pour le shareholder ? Comment fait-on pour non pas performer, mais surperformer les indices ? C'est simple : on fait de la *corporate governance.*

La « corporate governance » de M. Benchmark Senior est bien un concept novateur, puisqu'il propose de nouveaux modes de management, de contrôle, de direction des entreprises. Et là, on est vraiment dans le révolutionnaire.

L'un des canons les plus spectaculaires des zélotes de la corporate governance, c'est la nécessité impérieuse pour les sociétés cotées d'avoir à leurs conseils des administrateurs... indépendants ! Surtout, éviter d'avoir des administrateurs qui soient directement intéressés à la bonne marche de la société : ils seraient forcément biaisés. Affreux. Comble de l'abomination : prendre des administrateurs qui connaissent bien l'industrie dans laquelle évolue la société. Ils risqueraient de fournir quasi gratuitement une intelligence économique décisive pour la société. Malheur !

Autre danger pernicieux : choisir des administrateurs qui ont l'expérience des marchés financiers. Ils risqueraient d'aider leur société à bien appréhender les relations avec la communauté financière ! Menace terrible.

Alors, où les trouver, ces administrateurs totalement indépendants, sans expérience, parfaitement désintéressés à la bonne marche de leur société ? Faut-il prendre des nuls, des incompétents notoires ? Des toxicos ? Des nihilistes ? Des militants de l'Horreur économique ? Est-ce bien là le projet de la corporate governance ? Désarmer au maximum les structures faîtières de contrôle des entreprises, pour laisser tous les John Benchmark de la terre aller et venir dans le capital de ces entreprises infantilisées, réduites à de sympathiques sous-jacents ?

Je le crois.

Je le crois d'autant plus que la corporate governance ne limite pas son cahier des charges à cette exigence imbécile, mais l'accompagne d'autres exigences visant le même objectif d'avilissement, d'asservissement des entreprises économiques à cet ordre nouveau des marchés financiers. Ainsi de l'impératif proclamé de transparence, dont les récentes investigations du procureur Spitzer ont montré que les plus grands investisseurs américains étaient aussi ardents à l'exiger pour les autres que résolus à s'en affranchir pour eux-mêmes.

« Manque de transparence ». On ne compte plus les entreprises clouées au pilori des marchés pour ne pas avoir été assez transparentes. Leur crime ? Ne pas avoir tout livré, tout dévoilé de leurs affaires. Ne pas avoir jeté en pâture aux investisseurs zappeurs et aux analystes snipers les informations les plus stratégiques sur leur entreprise.

Le vice de cette quête pour une plus grande transparence est qu'elle n'a pas de limites. Enfin, si : elle s'arrête lorsque vous avez tout donné, tout livré sur la place publique. Plus de secrets de fabrication, plus d'abris derrière lesquels se ranger. Plus de zone d'ombres, donc plus de relief. Lorsque tout est à la surface, il n'y a plus de profondeur. Vous avez gagné, vous êtes transparent. Au premier sens de l'adjectif : vous avez tout dit, vous n'avez plus rien à dire. Vous n'intéressez plus personne. Vous êtes tellement transparent que vous êtes devenus invisible sur les marchés. On peut passer au sous-jacent suivant.

Mes six années d'analyse financière m'ont convaincu de cela : une entreprise qui veut durer sur les marchés, et conserver l'intérêt des investisseurs, au-delà de la mousse et du bruit du moment, doit... en dire le moins possible ! Et ne pas se livrer totalement dans des mains inconnues, au mieux ignorantes de son industrie, au pire ennemies de ses intérêts.

Ce discours, John Benchmark Senior ne pouvait pas le recevoir. Et d'ailleurs, sa phrase ne se discute pas, puisqu'il s'agit d'une profession de foi : « *I believe.* »

Il ne s'agit plus de philosophie de marchés, mais d'une religion, avec ses dogmes et sa Foi Révélée. Les John Benchmark Senior des marchés ne s'intéressent pas au factuel ou au mesurable. Ils sont dans le registre de la croyance. Ce n'est pas si surprenant de voir une forme de fait religieux émerger sur cet immense désordre des marchés financiers, que l'esprit humain n'arrive pas à appréhender. C'est bien dans les temps de grands désordres que prospèrent les sectes de tout poil.

Or, cette Foi dans la corporate governance, le gouvernement d'entreprise pour la création de valeur, a fait des ravages ces dernières années. L'exemple le plus fameux d'une entreprise qui récitait parfaitement le catéchisme de cet ordre nouveau, c'est... ENRON !

ENRON a été désignée à trois reprises, en 1998, 1999 et 2000, comme l'une des entreprises modèles aux Etats-Unis par le magazine *Fortune* (« *100 Best Companies to work for in America* »). C'est bien son président, Kenneth Lay, qui écrivait dans son rapport annuel 2001, quelques semaines avant son anéantissement, cette magnifique phrase vide de sens, comme une réponse au credo de John Benchmark Senior :

« En 2001, nous continuerons à développer une approche systématique de notre responsabilité d'entreprise, nous affinerons notre stratégie d'exécution, nous formaliserons nos engagements envers les actionnaires, et nous fortifierons notre expérience de la gestion des risques. Nous croyons que le respect de ces engagements se traduira par une augmentation de la valeur de notre entreprise [1]. »

Le Puritain décida là-dessus de ne pas acheter d'actions NRJ, et continua de se renforcer dans ENRON.

A ce jour, il n'est toujours pas Chief Investment Officer de Golden Bear.

---

1. « *In 2001 we will continue to develop a systematic approach towards CORPORATE RESPONSIBILITY, refine our implementation strategy, formalize stakeholder engagement, and strengthen our risk management practice. WE BELIEVE that fulfilling these commitments translates into added value for our business.* »

Strips bars et corporate governance

Malgré ma recommandation non suivie sur NRJ, j'avais réussi au bout de plusieurs mois à commencer à nouer une relation professionnelle avec le Puritain. Je faisais partie de la trentaine d'analystes dans le monde avec qui il daignait converser de temps à autre. Il devait me trouver exotique.

J'étais conscient de ce privilège rare. Je m'efforçais donc de l'appeler une fois par semaine, pour échanger avec lui quelques idées et thèmes d'investissement.

Un beau jour, je reçois un appel entrant de John Benchmark Senior.

« Salut, Edouard. Je serai à Paris dans 15 jours. J'y passe 36 heures. Je veux que tu m'organises quelques rendez-vous avec les dirigeants de médias français, OK ? »

Bien sûr que j'étais OK ! Pour un analyste financier du continent européen, non britannique, ne travaillant pas pour une des grandes maisons de courtage anglo-saxonnes, organiser la visite d'un des principaux gérants de Golden Bear, c'était plus qu'une aubaine : un miracle. C'était très valorisant vis-à-vis des sociétés

155

cotées : « Oui, oui, c'est bien moi qui vous envoie M. Benchmark Senior en personne *himself*. Alors, la prochaine fois que je vous appelle, soyez professionnel, décrochez un peu plus vite, mmh ? »

C'est moi que John Benchmark Senior choisit pour ses 36 heures à Paris. C'est le moment où la partie de flipper s'accélère, et où chaque tilt vaut mille points. Ne pas se louper.

Branle-bas de combat !

« Allô, le George V ? La suite, le lit King Size, et faites-moi le plein du minibar ! » Tables réservées dans les restaurants les plus à la mode. Voiture de maître et chauffeur, du tarmac de Roissy jusqu'aux endroits les plus éculés que choisira M. Benchmark Senior pour sa visite. Un accueil de chef d'Etat.

L'essentiel était sécurisé. Il ne me restait plus qu'à informer les dirigeants des TF1, M6, Lagardère, Canal+, NRJ, Havas, etc., qu'ils allaient devoir faire de la place dans leurs agendas pour M. Benchmark Senior ces deux jours-là. Et malheur à ceux qui ne pourraient pas se rendre disponibles : « Il ne le comprendrait pas. Vous savez comme ils sont, chez Golden Bear. Si vous refusez de les voir, ils pensent que vous avez quelque chose à cacher, ou pire encore : que vous avez un problème de corporate governance. » Car tel était le rapport de forces entre des dirigeants d'entreprises cotées, aussi grosses soient-elles, et Golden Bear.

Ils furent nombreux à répondre positivement à cet appel.

Cette visite de John Benchmark Senior fut un succès inouï. Des entretiens fructueux. Une heure, parfois deux heures, à passer en revue la stratégie des entreprises précitées avec ceux qui la décidaient et l'exécutaient.

John Benchmark Senior était heureux. Moi aussi. Au fur et à mesure que la journée avançait, il se détendait, essayait une ou deux tentatives d'humour. Je crois même que dans un moment d'égarement il m'a posé une question sur moi.

Bonheur. La journée s'achevait. Le dîner approchait. J'avais réservé une table à l'hôtel Costes, bel hôtel parisien à la décoration appétissante de Jacques Garcia, agrémenté d'une meute de serveuses qui l'étaient autant.

John Benchmark Senior était en forme. Juste après avoir passé la commande, il posa un regard appuyé sur l'arrière-train de la serveuse.

« Dis donc, c'est pas mal, comme endroit, Edouard. *This is a good start.* »

Ainsi donc, M. Benchmark Senior aurait beau être humain, américain et corporate gouvernant, il n'en serait pas moins homme? Première découverte.

Je souris, et enchaîne sur les rendez-vous de la journée, et ceux qui l'attendent le lendemain.

« *Enough with that.* Ne t'inquiète pas, Edouard, tu es un bon broker, on commence à se connaître, les rendez-vous ont été très bien organisés, l'hôtel est très confortable, la table est bonne. Tu as bien fait ton métier, mais maintenant on peut peut-être parler d'autre chose que de médias, non? »

OK. Voyons, de quoi lui parler? De lui, forcément. Je commence à l'interroger sur son parcours, laissant deviner dans ma question suffisamment d'admiration pour sa réussite, afin qu'il n'hésite pas à faire le panégyrique de lui-même.

Il n'hésita pas. Tout y passa. Ses succès au collège, dans l'équipe de base-ball locale, son admission dans une université de l'Ivy League. Enfin et surtout, son entrée chez Golden Bear il y a bientôt 20 ans. Golden Bear dont il connaît toute l'histoire et la culture, puisqu'il l'a lui-même écrite, dans la plaquette commerciale annuelle.

Il me parla ensuite de ses enfants, surtout ses garçons. Une vraie émotion passa dans ses yeux pour me décrire leurs parties de pêche ensemble, sur les rivières de l'Etat du Massachusetts.

Puisque le registre personnel était clairement ouvert, je m'enquis naturellement de Mme Benchmark Senior, sans familiarité excessive. Cela donnait à peu près : « *Mrs Benchmark must be very proud of her family?* (Mme Benchmark doit être très fière de sa famille?) »

La réponse devait tenir en trois lettres : « *Yes.* » « Mais pourquoi vous me parlez de ma femme? » Fronçant le sourcil, Benchmark Senior enchaîna sans attendre la réponse : « Vous, les Français, vous êtes un peu particuliers. Vous aimez bien tout mélanger, hein : les affaires, les loisirs, la vie personnelle? Pas nous. C'est une question d'éthique. »

M'étant pris ce missile Tomahawk dans la figure, je n'insistai pas, et zappai sur l'actualité. Mal m'en prit. L'Amérique venait d'élire George W Bush président des Etats-Unis.

John Benchmark Senior est d'un maniement intellectuel assez commode : il y a les bons et les mauvais,

158

les blancs et les noirs, les hommes et les femmes, les Républicains et les Démocrates. Ce membre actif de la National Rifle Association a des idées saines et bien arrêtées. J'eus donc droit au couplet vainqueur de la campagne de M. Bush : « Il était temps de restaurer la dignité à la Maison-Blanche. »

Je n'écoutais plus M. Benchmark Senior. Il m'ennuyait sérieusement. Quel drôle de métier, tout de même, de jouer les entraîneurs pour businessmen-touristes américains, dans l'espérance de grappiller des bouts de commissions. Autant j'adorais mon métier d'analyste, décortiquant stratégies et chiffres, confrontant sans cesse les opinions du marché, autant cette dimension de faux copinage, devoir supporter les logorrhées d'un crétin mais d'un crétin aux poches profondes, et qui faisait vivre votre boîte, c'était totalement insupportable.

« John, tu as raison. Il faut restaurer la dignité (*restore dignity*) à la Maison-Blanche. Bon, on se prend un café et je te dépose à ton hôtel ? Tu sais, on démarre tôt demain, et avec le décalage horaire, tu dois être crevé, non ?

— *You must be joking!* Attends, Edouard, tu es broker et tu dis à ton client " bon, allez, maintenant au dodo ? " *Is this French humour ?* »

Aïe. Voici que le Puritain a envie de sortir. Qu'à cela ne tienne. Je lui propose d'aller se prendre un bon verre au Hemingway, le remarquable bar du Ritz à quelques pas de notre restaurant. Moue du Benchmark Senior. Il se penche vers moi.

« Ecoute, Edouard, les bars pour vieilles dames, ça ne m'intéresse pas. Vous n'avez pas à Paris le... comment ça s'appelle ? Le " Marquis ", c'est ça ? *Just for fun !...* Marquis, c'est ça ? »

Le « Marquis », dans la vie réelle de Paris au début de ce siècle, pouvait s'appeler du nom d'un autre titre nobiliaire, Duc, Comte, Prince, Chevalier, que sais-je, le Marquis, donc, est un établissement bien connu de la clientèle internationale de passage à Paris. Sis en bas d'une large avenue du huitième arrondissement, ledit Marquis avait pignon sur rue pendant des années, jusqu'à ce qu'une inattendue décision de justice le ferme il y a quelques années de cela.

Pour éviter des détours inutiles, le Marquis était alors un bar à putes, mais à putes de luxe. Bien sûr, son marketing était très différent. Si vous me passez l'expression, le bouche-à-oreille autour du Marquis en avait fait une vraie légende parisienne. Les filles n'étaient pas des prostituées, mais des étudiantes « minimum bac + 4 » en gestion, droit, etc. Ce n'étaient pas des filles de l'Est, mais des « correspondantes de MBA » (sic) venues faire un stage à Paris. Enfin, la politique de prix était particulièrement moderne et jeune. Vous ne payez rien à l'entrée. Juste les boissons. Si d'aventure, lors du « spectacle » – du strip-tease tendance hard, avec animaux, objets et accessoires divers – vous deviez engager la conversation avec une dame qui se serait négligemment assise à côté de vous, et que vous ayez ensuite envie d'inviter la dame à échanger divers fluides avec elle dans un hôtel du coin, libre à vous, mais les gérants du Marquis n'avaient pas à le savoir.

D'après la rumeur de la ville, le *pricing* de ces prestations en sus était particulièrement attractif. D'abord, le tarif était dégressif avec le temps. Vous payez plein pot à minuit, 80 % à 2 heures du matin, 60 % à 4 heures du matin, et pour les pseudo-étudiantes en MBA restées sur le carreau après 5 heures du matin, vous aviez deux possibilités : – 50 %, ou la très intéressante formule *Buy one, get one free.*

L'affaire était tout à fait présentable vue de l'extérieur, à l'image du portier du Marquis, habillé comme n'importe quel concierge de grand hôtel. L'ingéniosité était de faire chic, et de proposer les extras en *take-away* exclusivement. Pas en *eat-in*, sinon vous deveniez une maison close. Très vilain, ça : illégal. Donc on ne fait pas, on contourne.

Un bar à putes de luxe. Tel était l'ultime objectif de la virée parisienne de John Benchmark Senior, putatif Chief Investment Officer de Golden Bear World, chantre de la corporate governance, zélote de la transparence, dernier rempart de l'éthique des affaires dans un monde plein d'Européens, d'Asiatiques et d'Africains, forcément décadents, corrompus, humains.

Je ne pouvais pas dire non. Cela aurait mis à mal le courant d'affaires naissant entre le Crédit lyonnais Securities et Golden Bear.

« *Sounds like a good idea, John. Let's go !* »

Tout s'était pourtant bien passé au début. Nous avions fait une belle entrée au Marquis, immédiatement entourés d'un aréopage d'étudiantes à hauts talons et jambes sans fin, postérieurs rebondis, seins surélevés nous arrivant pile-poil à hauteur des nasaux, bouches et cils légèrement entrouverts mais pas trop. Trop, ç'aurait été vulgaire. Il ne leur manquait plus

161

qu'un écriteau « Open for business. Nous prenons toutes sortes de cartes de crédit : Visa, Mastercard, Amex, Diners. »

Bonjour mesdames, bonjour mesdemoiselles, nous tentons de nous frayer un chemin vers la salle principale, plongée dans une demi-obscurité savamment étudiée. En faisant quelques pas, je sens quelques très familières palpations. Que d'égards !

Je jette un œil sur mon client Le Puritain. Il avait changé. Le waspien senior manager de Golden Bear était ravagé par une vague de libido irréfragable. Pauvre Puritain à l'esprit si faible et à la chair si ardente.

J'avise une banquette pas loin de la piste de danse où deux étudiantes encagées formulaient le projet ambitieux mais saugrenu de faire l'amour avec une espèce de gros serpent vert gluant.

Je laisse la banquette au Puritain, et, hasard ou intuition, choisis de m'asseoir sur un tabouret.

Le Puritain me faisait face. « *Edouard, this is great. That is what I call having fun. Let's have some champagne !* (Edouard, c'est super. Là, on se marre bien. Prenons un peu de champagne). »

D'autant plus facile à dire que c'est le Crédit lyonnais qui payait ! Je demande une bouteille de champagne, et m'enquiers de son prix. « 500 euros. » Pardon ? « 500 euros. » Je n'avais pas vraiment le choix. Je commençais à faire la gueule. Déjà, le restaurant de l'hôtel Costes me faisait toucher le plafond des notes de frais admises pour un client. Mais à 500 euros la bouteille, je risquais d'avoir de sérieux problèmes avec le service comptabilité du Lyonnais.

J'en étais à ces calculs d'apothicaires lorsque surgirent de nulle part deux créatures sexuelles et sexuées, définitivement féminines, une blonde et une rousse, vêtues de quelques centimètres carrés de tissu, pas plus. En un quart de seconde, la rousse s'effondre dans la banquette, collant le Puritain. De son côté, la blonde s'approche de moi, commence à faire la moue – j'étais assis sur un tabouret – puis, dans un grand sourire, tente de s'asseoir sur mes genoux.

Alors, dans un accès de maladresse que n'aurait pas renié l'inspecteur Clouzot, sans doute trop préoccupé par ma coupe de champagne (tout de même 15 centilitres, soit 100 euros, au tarif maison) qui menaçait de valser, je me lève d'un bond de mon tabouret. Mais quelques secondes trop tard. Patatras. L'analyste de choir lamentablement sur le tapis, l'étudiante en kamasutra de trébucher contre ledit analyste, et les 15 précieux centilitres de champagne de maculer le susnommé tapis.

L'étudiante lâcha un mot de Cambronne dans sa langue natale. Mais comment dit-on Cambronne en russe ?

J'avais brisé le romantisme suggestif de ce tableau naissant. L'étudiante blonde, pressentant que la demande solvable était plus sérieusement arrimée du côté du Puritain, décida de le rejoindre ainsi que sa camarade rousse, qui était à la manœuvre.

John Benchmark Senior, lui, était aux anges.

Les jeunes filles lui susurraient des douceurs aux oreilles. Lui éructait des séries de monosyllabes : « *yeah* », « *come on* », « *carry on* », « *you like it ?* »

163

Et il y eut ce moment hallucinant, suspendu dans le temps, où l'étudiante rousse glissa négligemment sa main droite dans le pantalon du Puritain, et commença de l'entreprendre sérieusement, tandis que la blonde lui mordillait l'oreille gauche.

Ce soir-là, le temple de la corporate governance avait beau être inviolable, ses fondations n'en furent pas moins sérieusement ébranlées.

J'étais en face du Puritain, à deux mètres. Qu'est-ce que vous auriez fait, à ma place ? Je n'ai rien trouvé de plus intelligent que de le regarder dans les yeux.

Ce que je vis n'était pas beau. Un œil torve, respirant le cul et les dollars. L'Œil était dans la tombe de la gouvernance, et regardait l'analyste. L'Œil me dit : « *Come on Edouard, let's go !* »

Comment ça, « *let's go !* » ?

« Let's go tous les quatre ? » Elle est bien bonne, celle-là. Voilà que Monsieur Integrity de Golden Bear veut m'entraîner, à mes frais, dans un truc à quatre ! Ouh là, là, mais je n'ai pas les diplômes pour ça, moi. Ce *full client service*-là n'était même pas une option au programme de la SFAF [1].

Ah non, pas de ça, malheureux ! Au-delà de considérations conjugales qui ne regardent que moi, j'étais déjà très au-delà de mon budget *client entertainment*. Et comme, d'après mes sources, le tarif de base de la prestation unitaire dépassait les 1 000 euros, pas question d'offrir cet extra au Puritain, quand bien même il s'agirait, ce qui était largement le cas, d'un des vingt

---

1. Société Française des Analystes Financiers.

plus grands investisseurs en actions européennes dans le monde.

« Crédit lyonnais Securities Europe, le pouvoir de dire non. » Ce que je fis, en l'enrobant des rubans nécessaires. « *Sorry John, without me on that one, I leave the floor to you.* (Désolé, John, ça sera sans moi. A toi de jouer.) »

Le visage du Puritain se renfrogna un court instant, le temps que la dame préposée à la fortification de son axe stratégique lui chasse tout esprit critique en un tour de main.

« *OK Edouard, don't worry, see you tomorrow.* (OK, Edouard, pas de problème. A demain.) »

Je quittai mon client et le Marquis la calculette basse, non sans avoir réglé les 500 euros de champagne. Le reste fut à sa charge, si reste il y eut.

Nous partîmes deux, nous revînmes seuls, chacun de notre côté. Je n'ai plus jamais eu le moindre appel de John Benchmark Senior depuis le Marquis. Golden Bear n'a plus jamais accordé une seule commission au Crédit lyonnais Securities depuis ce jour. Notre relation d'affaires, pourtant patiemment construite à coups de notes d'analyses, d'échanges d'opinions boursières, de visites de sociétés cotées, avec contact direct avec soit le PDG, soit le directeur financier, tous ces actifs se sont engloutis sur une banquette du Marquis.

Ma seule faute professionnelle ne fut pas d'avoir émis de mauvaises recommandations qui auraient ruiné ses clients, ou d'avoir mal calculé un taux de couverture de change, d'avoir mal estimé un ratio d'endettement. Non, ma faute fut de ne pas avoir subventionné deux putes de luxe pour ce parangon de vertu professionnelle.

Depuis ce jour, je devais regarder différemment tous mes confrères qui, eux, avaient su maintenir et développer leurs courants d'affaires avec Golden Bear. Jusqu'où étaient-ils allés pour obtenir leurs classements ? Golden Bear, modèle de probité affichée, était-elle une exception triviale, ou la norme d'une industrie corrompue, puisqu'il faut bien appeler les choses par leur nom ?

Cette histoire, dans le milieu de l'intermédiation financière, est d'une banalité à pleurer. Elles abondent là où se concentre l'argent, c'est-à-dire, concernant les marchés financiers, plus à Londres qu'à Paris, et plus du côté des tables de trading que du département déontologie. Cette population particulièrement speedée, sous pression, et tenant physiquement les flux financiers inter-établissements, est naturellement la plus vulnérable à ce genre de pratiques, d'échanges et de services rendus.

A peu près au même moment que l'épisode du Marquis, circulait chez les courtiers parisiens une autre histoire, similaire. Un vendeur actions d'une société de courtage du côté de l'Opéra, emmenant ses clients londoniens en tournée à Paris, fit les choses en grand. Une demi-douzaine de call-girls et trois suites d'hôtel pour ces messieurs. *Enjoy !* L'addition se chiffra en plusieurs dizaines de milliers d'euros.

Dans l'après-midi du lendemain, le responsable administratif et financier de la société de Bourse, voyant passer la note de frais, fonça vers le vendeur

166

pour l'insulter publiquement et menacer de le licencier sur le thème « pas de ça chez nous ! ». Le vendeur, dans un flegme très britannique, lui répliqua : « Tu ne vas pas me licencier, et tu sais pourquoi ? Parce que mes clients nous ont dit merci. Et tu sais comment ils nous ont dit merci ? Avec ça ! » Et le vendeur lui jeta à la figure les ordres de Bourse que ses clients partouzards lui avaient adressés le jour même. Il y en avait pour plusieurs dizaines de millions d'euros, soit une commission nette pour la société de Bourse de plus de 150 000 euros. En lieu et place d'être licencié, ledit vendeur obtint le plus gros bonus annuel de la société de Bourse.

Bizarrement, depuis « le Marquis », j'écoute les aficionados de la corporate governance avec un brin de scepticisme amusé. Je ne dis pas que tous les investisseurs actions de la planète sont de dangereux obsédés sexuels en manque de sensations fortes et de chairs fraîches et gratuites. Je ne dis pas non plus que les courtiers en actions sont tous des proxénètes en puissance. Ce serait excessif, injuste et diffamatoire. Simplement, il ne faut pas être totalement naïf sur le degré de stricte application des codes de bonne conduite de cette industrie. Il a pu arriver, hasard ou nécessité, que certains développent bonus, parts de marché et rentabilité des fonds investis sur des bases plus ou moins branlantes.

Il ne faut pas être dupe de tout ce théâtre qui, derrière les apparences de la rigueur, de la sophistication, de la règle, cache de vrais acteurs en chair et en os.

Seule compte ici la captation récurrente, inodore, de flux d'argent toujours croissants. Seule mesure de la

réussite, cet argent circulant d'intermédiaire en intermédiaire, de poche en poche, et chacun prélevant sa
petite dîme, consciencieusement. « *I am just doing my
job.* »

Ces dernières décennies, les Etats du monde se sont
préoccupés à juste titre du problème majeur de blanchiment d'argent sale.

Je ne trouverais pas déraisonnable que l'on
commence à se soucier des circuits plus classiques de
l'intermédiation financière, qui finissent par ressembler à rien de moins que du salissement d'argent
propre, et tant pis pour le néologisme.

Car cet argent qui finit dans les poches des dames
du Marquis à Paris, d'où vient-il, sinon de vos
poches ? De votre épargne, confiée à vos intermédiaires de gestion usuels, avant qu'elle ne soit recy-
clée par d'autres intermédiaires, courtiers en bonheurs
tarifés.

Certes, la nature humaine n'est pas naturellement
vertueuse, surtout quand l'argent est en jeu.

Mais ce qui me paraît insupportable, c'est ce discours moral des Pharisiens de la corporate governance.

Ce qui me paraît dangereux, c'est de croire que ces
intermédiaires d'argent sont sources de richesses, alors
qu'ils n'en sont que les éclusiers plus ou moins efficaces, et plus ou moins scrupuleux.

CHAPITRE 7

Références circulaires

Temps de cerveau disponible

Arrivé à ce stade du livre, le lecteur-épargnant à qui l'on n'a rien épargné du tout depuis 168 pages, est en droit de se poser une question saugrenue : mais quand travaillent-ils donc, ces analystes ?

Sans doute la relation clients fait-elle partie de leur travail. Mais, entre les roadshows et les conférences festivalières, les strip-bars et les one-on-ones, les présentations de sociétés et les présentations aux investisseurs, entre les déplacements en avion, en train, les aéroports et les chambres d'hôtels, où donc trouvent-ils le temps de réfléchir, de penser, de se poser pour poser leurs calculs ?

A quel moment font-ils fonctionner leur calculette sinon leur jugeote, pour analyser des chiffres, décortiquer des bilans, établir des comparaisons, tirer des perspectives, ébaucher des hypothèses, vérifier des résultats, recalculer le tout, avant d'aboutir à une recommandation solide sur la valeur vraie des entreprises qu'ils analysent ?

En reprenant mes agendas des années 2000, 2001, 2002, la question reste ouverte et sans réponse.

Je mets de côté l'année 2000 qui fut aussi dans le domaine du marketing des analystes financiers une année de bulle, excessive et non représentative.

Sur une période plus normale, de juillet 2001 à juillet 2002, soit 365 jours, j'arrive au décompte suivant :

— 260 jours ouvrables (les marchés financiers ignorant superbement les jours fériés, 14 juillet, 11 novembre, et fêtes religieuses incluses),

— 25 jours de vacances,

— pas moins de 85 jours de déplacements à l'étranger, soit l'équivalent de trois mois passés en roadshows, conférences, déplacements.

Restent 160 jours sédentaires, travaillés, à Paris.

Dans une journée sédentaire type, abordée au premier chapitre, le rythme usuel d'un analyste est le suivant :

— de 7 heures à 9 heures : la préparation et l'exécution du morning meeting : il faut réagir à chaud aux nouvelles de la veille au soir, et aux articles de presse du jour même. Un commentaire écrit, diffusé dans les notes quotidiennes des courtiers, viendra supporter l'argumentaire pour la force de vente ;

— à l'heure du déjeuner, l'analyste est très souvent invité à déjeuner en clientèle, pour accompagner les vendeurs actions dans leur prospection commerciale. Il peut alternativement rendre visite à ses clients, les bras chargés d'études, de présentations en couleurs, qu'il va débiter en chaîne comme lors d'un roadshow. Une moyenne grossière donnerait 4 ou 5 rendez-vous de ce type dans la semaine. On concentrera artificiellement tous ces rendez-vous à l'heure du déjeuner, pour facili-

170

ter la suite de ce calcul de temps de cerveau disponible de l'analyste.

Restent donc environ 4 heures de temps disponibles le matin, de 9 heures à 13 heures, et 4 heures l'après-midi, de 15 heures à 19 heures, soit une huitaine d'heures.

Sur cette huitaine, il convient de soustraire environ quatre heures pendant lesquelles l'analyste se transforme en centre d'appels téléphoniques.

Le contrat de travail ne le stipule pas clairement, mais la réalité est là : après avoir rédigé une ou deux pages par écrit, et formulé son idée du jour à ses vendeurs chaque matin, l'analyste est fortement incité, bonus oblige, à passer le plus grand nombre de coups de fil possible à un maximum de clients et prospects.

Dans d'autres industries, on appelle cela du télémarketing, faire de la retape pour divers produits ou services. Dans l'industrie de l'analyse financière, on appelle cela le *full client service* : chaque analyste est censé appeler une liste d'une trentaine de clients *Tier 1* (de catégorie 1, soit les investisseurs qui comptent), pour leur relayer l'idée, le message du jour.

Les managements des sociétés de Bourse plébiscitent ces systèmes intelligents, puisque, enfin, le travail de l'analyste leur semble quantifiable, mesurable au nombre d'appels et à la durée des appels près. Autre avantage non négligeable : pendant que l'analyste est occupé à faire son télémarketing, on est sûr qu'il ne va pas perdre son temps à de vaines activités non immédiatement rentables, comme décortiquer les rapports annuels des sociétés, confronter des hypo-

171

thèses d'évolution de chiffre d'affaires, de marges, aller fouiller dans les hors-bilans, avec le risque d'y trouver quelque chose que le reste du marché n'aurait pas vu. Ou, pire encore que ce travail de fourmi, l'analyste pourrait, à la place de ce travail chronophage et rassurant de télémarketing, se lancer dans des activités encore plus dangereuses comme aller voir les sociétés. Discuter avec leurs responsables financiers, mais aussi opérationnels. Confronter les chiffres virtuels de l'analyste sous sa bulle bruyante de salle de marchés, avec la réalité du terrain.

Dieu merci, les analystes sont financièrement incités à appliquer scrupuleusement les consignes inverses. Différentes bases de données dites « CRM » pour *Customer Relationship Management* (la gestion de la relation clients) se sont ainsi disséminées telle la peste, dans les salles de marché. A charge pour l'analyste de les remplir scrupuleusement, quotidiennement, avec tous les détails nécessaires de ses appels téléphoniques sortants, c'est-à-dire allant vers les investisseurs.

Il suffisait d'y penser.

Mais, au fil des années, les plus malins parmi les analystes avaient développé leur propre réponse intelligente à ce système intelligent. Puisque l'essentiel est de faire des appels entrants vers les clients, et qu'un appel entrant vaut un point, on obtient le plus grand nombre de points... en appelant aux heures où les clients ne sont pas là ! C'est-à-dire en leur laissant des messages sur leurs boîtes vocales.

Ainsi, un bon analyste désireux d'être bien noté par sa hiérarchie organisera sa journée d'appels de la façon suivante :

— de 10 heures à midi : appels vers les boîtes vocales des clients américains ;

— de midi à 14 heures : appels vers les boîtes vocales des clients français ;

— de 14 heures à 15 heures : appels vers les boîtes vocales ibériques ;

— de 15 heures à 18 heures : appels vers les boîtes vocales nippones, asiatiques et moyen-orientales ;

— à partir de 18 heures, campagne massive d'appels en direction de Londres et de ses desks désertés pour cause de *tea time*, expression désuète et pudique suggérant qu'à cette heure-là, après la clôture des marchés actions européens, l'essentiel de la City avait déjà pris le chemin du pub.

On doit rendre ici hommage à l'esprit astucieux et à l'ingéniosité des analystes financiers.

C'est un secret que les analystes seniors se gardent bien de divulguer trop vite aux analystes débutants. Ces derniers s'évertuant non pas à laisser des messages mais à se lancer imprudemment dans des discussions parfois contradictoires avec les clients. Heureusement, ces pratiques insensées semblent de plus en plus rares dans la profession aujourd'hui. Chacun chez soi, et les opinions seront bien gardées.

Il ne reste donc à l'analyste que 4 heures de temps disponible pendant 150 jours, pour faire son travail. 600 heures, c'est beaucoup, et c'est très peu pour couvrir en moyenne une dizaine de sociétés cotées, dont les capitalisations se chiffrent en milliards.

Sur la base de 10 sociétés couvertes, l'analyste peut

donc consacrer chaque année en moyenne 60 heures par entreprise.

Sur ces 60 heures, il est nécessaire de retirer le temps consacré aux figures imposées par le calendrier des publications des sociétés. Ce calendrier est lourd : quatre publications de chiffre d'affaires par an, éventuellement appuyées par autant de conférences téléphoniques organisées par les sociétés ; et deux présentations de résultats semestriels, voire quatre présentations de résultats trimestriels, selon le degré d'avancement des entreprises dans l'apprentissage de la corporate governance.

En tout, 6 à 8 événements incontournables. Or, à chacun de ces événements, l'analyste est censé faire à la fois des *previews*, donner aux marchés les estimations de chiffre d'affaires et de résultats qu'il attend pour la société ; et, lorsque la publication a eu lieu, l'analyste doit donner sa réaction, son jugement, mais aussi intégrer les nouvelles données, et préparer de nouvelles estimations de résultats pour... la prochaine publication !

En somme, et en restant raisonnable, ne subsistent plus dans l'année que deux ou trois douzaines d'heures à l'analyste pour travailler activement sur chacune des entreprises suivies.

Ce temps disponible est dérisoire, lorsqu'il est mis en face de réalités aussi complexes et mouvantes que des conglomérats mondiaux, brassant des milliards de chiffre d'affaires agglomérés dans des centaines de filiales et sous-filiales, éventuellement regroupées en périmètres toujours changeants. Car la réalité des entreprises est aussi celle-là : elles ne cessent de changer de périmètre, de vendre des actifs pour en acheter d'autres, de faire évoluer inlassablement et parfois frénétiquement les frontières de l'empire, tant externes qu'internes. De fusions en acquisitions, annoncées, reportées, exécutées, la physionomie réelle et prospective des sujets d'études des analystes est un tableau vivant bougeant en permanence.

L'analyste a-t-il un autre choix que d'aller au plus vite, d'emprunter tous les raccourcis et chemins de traverse disponibles pour produire et délivrer le résultat de ses analyses ? La pression est ici renforcée par la prime à la vitesse : il est inconcevable qu'un analyste n'ait pas fourni sa note et ses calculs dans l'heure qui a suivi la publication des chiffres par l'entreprise. La concurrence s'exerce là aussi.

Raccourcis. En anglais, cela se traduit par *shortcut*, On n'est pas très loin du court-circuit.

Des shortcuts, l'analyste en a plein sa besace.

Raccourcis et courts-circuits

Les communications financières des entreprises sont toujours plus abondantes et détaillées. Elles ont en outre le bon goût et l'élégance d'arriver dans la boîte à e-mails des analystes sous la forme la plus urbaine possible : documents Word, liens hypertextes hyperfaciles à l'emploi, versions françaises et anglaises à portée de doubles clics.

Pourquoi aller chercher midi à 14 heures, réinventer la roue, alors que l'entreprise a déjà ficelé, empaqueté et distribué son « prêt-à-recommander » ?

Quels esprits malins et mal intentionnés iraient prendre le risque de questionner, retraiter, interpréter ou contester des données aussi comestibles, et souvent appétissantes ?

En s'abandonnant à de telles pratiques licencieuses, le risque est grand, d'abord de faire des erreurs, ensuite d'indisposer les entreprises, qui sont peut-être des objets d'études, mais très assurément des sources de marketing et de roadshows lucratifs pour les sociétés de Bourse.

Le « copier-coller » s'impose comme une évidence. Il n'est plus un outil de l'analyse financière, mais un premier réflexe.

Le verbatim des entreprises cotées peut donc être efficacement et bruyamment relayé par la communauté financière, sur les fils d'agences financières, les notes d'analystes et les articles de presse économique, les uns se nourrissant abondamment des autres. Si le même message est relayé de toute part, il est déjà incontestable. La référence circulaire n'est plus très loin.

Encore plus pratique et plus sophistiqué que le « copier-coller » : le « copier-copier-coller » ! Concrètement, et parce que les agences et bases de données financières Reuters, Bloomberg, Dow Jones, Thomson Financials abondent dans les salles de marché, il est très facile pour un analyste de découvrir quasiment en temps réel les premières analyses, les premières notes de ses confrères et concurrents sur le sujet du jour.

Par un processus d'auto-alimentation que certains rapprocheraient de celui des ruminants, tandis que d'autres puiseraient dans le vocabulaire anthropophagique pour parler de cannibalisation, les analystes adorent se copier les uns les autres. Sans verser dans le pur plagiat, la circulation rapide des notes de recherches ou des estimations de résultats attendus permet aux analystes de prendre leurs inspirations à la meilleure source : celle du consensus.

Prenons un exemple concret d'un excellent analyste financier sell-side venu tôt le matin pour la publication des résultats de l'entreprise A. Baptisons cet analyste du nom « Analysator ». Je l'ai bien connu.

— 7 h 00 : Analysator réceptionne le communiqué de presse de l'entreprise A.

— 7 h 05 : Analysator ouvre deux écrans sur son ordinateur : l'un pour lire le communiqué de presse, l'autre pour consulter le fil de son agence financière préférée (Bloomberg, Reuters, Dow Jones ou, plus économique, Boursorama).

— 7 h 15 : Analysator compare les résultats publiés de la société A (disons : 100) avec ce que le consensus attendait la veille au soir (par exemple : 105).

— 7 h 20 : Analysator envoie un premier e-mail interne à sa force de vente, titré « Alerte : les résultats publiés sont en dessous des attentes ! ». L'e-mail contient la copie exacte du communiqué de presse de l'entreprise.

— 7 h 25 : prudent, Analysator appelle son copain buy-side Investissor, travaillant dans une compagnie d'assurances. « Salut, Investissor. Dis donc, t'as vu les résultats de A ce matin ? Pas terrible, non ? » La réplique d'Investissor fuse : « Une fois de plus, tu as vu juste, Analysator ! Je vais encore voter pour toi ce trimestre. C'est lamentable, les résultats de A. D'ailleurs, cela fait au moins 5 jours que je recommande à mes gérants de vendre leurs titres, après avoir recommandé l'inverse le mois dernier. Tiens, je t'envoie la *Morning Note* que ton concurrent Silver Bull vient de publier à l'instant. Tu vas voir, ils n'y vont pas avec le dos de la cuiller !

— 7 h 35 : « vous avez un nouveau message ». Analysator défonce sa boîte de courriers électroniques à coups de clics bien appuyés : c'était la note tant attendue de Silver Bull. Titre : « Profit warning de A : les résultats sont d'environ 5 % en dessous des attentes. Nous suspendons notre recommandation, actuellement à neutre. »

L'affaire est grave, se dit Analysator. Si la Silver Bull, l'un des tout premiers courtiers en actions européennes, dit « profit warning sur A », il vaut mieux prendre la vague de ventes dans le bon sens. Surtout si Investissor, le copain d'Analysator, a envoyé la note de la Silver Bull aux autres sociétés de Bourse.

— 7 h 45 : les gouttes de sueur d'Analysator commencent de maculer son pauvre clavier d'ordinateur, sur lequel il tape frénétiquement le texte de sa note, à envoyer à l'édition avant 8 heures. Il faut dire qu'Analysator a de quoi transpirer : il est à l'Achat sur l'entreprise A ! Et il lui reste 15 minutes pour écrire un texte cohérent et percutant, justifiant son changement d'opinion. Heureusement qu'il a dans ses archives un modèle de texte pour ce cas de figure : « dégradation de recommandation suite à un profit warning ». Les expressions s'enchaînent facilement : « profit warning... résultats en dessous des attentes... nous révisons à la baisse nos prévisions, dans une fourchette de X à Y %. Le problème est de nature [options à cocher] (i) opérationnelle, (ii) de corporate governance, (iii) de reporting financier, (iv) d'origine inconnue ; (v) [cocher toutes les réponses possibles]... Nous dégradons notre objectif de cours de W % sur la base de Z. »

— 7 h 55 : Analysator n'a plus que 5 minutes pour remplir les W, X, Y, Z manquants, c'est-à-dire les chiffres. C'est là où l'affaire se corse. Si Analysator avait un peu de temps devant lui, il ouvrirait ses modèles, des feuilles de calcul Excel, vérifierait ses chiffres un à un, élaborerait des hypothèses, reprendrait l'historique. Eventuellement, il passerait un petit coup de téléphone à la direction financière de l'entreprise A, pour se faire expliquer ce qu'il ne comprend pas. Il faut dire qu'Analysator n'avait pas mis son nez dans les comptes de A ces deux derniers mois, puisqu'il était en roadshow la plupart du temps.

Mais Analysator n'a plus que 4 minutes devant lui. Alors, très vite, il compose le numéro d'Investissor, préenregistré sur son téléphone : « Dis donc, Investissor, je refais mes calculs, là, et ma révision en baisse se situe entre − 1 % et − 30 %. Je te concède que la fourchette est un peu large. Mais c'est de la faute à cette entreprise A, c'est toujours la même chose : ils

179

n'arrêtent pas de changer de méthodes comptables. Et ces chiffres qui bougent tous les trois mois ! – Rien n'échappe à ta vigilance, Analysator ! Je loue ta prudence et ton humilité. Pour ton information, sache que Silver Bull a révisé en baisse de – 18,2 %. Allez, je te laisse, je pars en morning meeting. »

Analysator a juste le temps de remercier Investissor qu'il se remet immédiatement à son travail. Il ne lui reste plus qu'une minute trente secondes pour faire connaître aux marchés mondiaux des capitaux l'ampleur de sa révision à la baisse sur les résultats attendus et l'objectif de cours de A. Il réfléchit : « Silver Bull révise en baisse de – 18,2 %. Ils sont forts, chez Silver Bull. Il faut que je me démarque. A la hausse ou à la baisse ? »

Analysator jette un œil sur ses écrans : les premières dépêches d'agences ne sont pas si alarmistes que cela. Et puis, voilà au moins trois mois qu'Analysator n'a pas organisé le moindre roadshow avec la société A. Cela commence à lui peser. La douleur se fait vive du côté du portefeuille et des espérances de bonus d'Analysator. Surtout que A fait partie des meilleurs clients de la banque qui l'emploie. Tout bien réfléchi, Analysator tranche : il révisera à la baisse, oui, mais pas autant que Silver Bull. Ce sera un – 15 %. Analysator conclut son analyse sur une note accommodante : « Nous révisons en baisse nos attentes de 15 % seulement sur A. La déception est grande, mais l'espoir demeure. Si rien ne nous permet d'affirmer l'inverse, aucun élément ne nous permet non plus de suggérer à ce stade que nous n'aurons pas une bonne surprise au prochain trimestre. Nous restons prudents, avec une recommandation en " neutre allégé ". »

Avec ces chefs-d'œuvre de créativité, d'intelligence et de pondération, Analysator devint l'une des références sur son marché.

Je ne lui jette pas la pierre : cela ressemblerait à du masochisme. Si l'industrie des marchés financiers n'avait pas cette obsession de l'urgence, ne donnait pas une telle prime à la rapidité de la distribution de messages sur la qualité des analyses, Analysator, qui a les diplômes et la compétence technique requis, aurait fait des travaux d'analyse financière tout à fait sérieux. Mais ce n'est pas ce qu'on lui demande.

L'urgence de la transmission d'informations et d'analyse, dans un « marché » qui se veut ouvert mais fonctionne réellement et quotidiennement en vase clos, est le premier facteur de mimétisme sur les marchés financiers. La confusion du même est telle qu'il est difficile d'identifier l'origine des opinions boursières. Les analystes sell-side sont-ils l'origine, lorsqu'ils se nourrissent directement auprès de leurs audiences et de leurs clientèles ? « Dis-moi clairement ce que tu veux entendre, et je l'exprimerai tout aussi clairement. »

Les analystes buy-side peuvent ainsi prétendre être à la source de l'opinion boursière. Mais les médias financiers dans leur acception large (agences, presse, fabricants et distributeurs de consensus) peuvent de même réclamer ce titre. Tout comme les entreprises cotées, émettant avis et communiqués tout au long de l'année.

En somme, l'opinion boursière si impeccablement diluée et redistribuée est partout à la fois, et donc nulle part.

On pourrait moquer indéfiniment les méthodes usuelles de travail des analystes financiers.

Ainsi des comparables boursiers : pour valoriser l'entreprise A dans un secteur donné, l'analyste regarde quelle valeur le marché donne à son concurrent ou homologue, l'entreprise B. Puis, quelques jours ou quelques heures plus tard, lorsqu'il faut valoriser B, les analystes et banquiers d'affaires regardent la valeur affichée par A. Quand le serpent de la finance se mord la queue, c'est toute l'économie qui va mal.

Ainsi de l'obsession du consensus. Tout le monde doit être « dans le consensus », qu'il soit publié par JCF, Reuters, IBES ou autres. Si le consensus attend pour une société donnée un résultat compris entre 100 et 120, et que vous attendez 80, honte à vous, dépêchez-vous de faire décaler une hypothèse, pour bien être dans les clous. Tout cela transforme effectivement une profession censée fondée sur l'esprit critique et le libre arbitre, en une secte à la gloire de Panurge.

Ainsi des méthodes a priori les plus sérieuses, à mes yeux en tout cas : la valorisation d'une entreprise par la somme et l'actualisation de ses cash flows futurs. Même les business plans les plus roboratifs n'arrivent pas au bout de cette impasse : in fine, il faut toujours donner un taux d'actualisation de ces flux futurs attendus. Or, ce taux-là finit immanquablement par être pifométriquement calculé, selon les dernières déclarations d'Alan Greenspan, des calculs fumeux de primes de risques où l'on retrouve nos amis du chapitre 3, les Gros Bêtas. Ces échelles de perroquet n'ont rien à voir avec de sérieux travaux de valorisation.

Ce constat d'un métier où dominent de plus en plus l'urgence, l'approximation, les raisonnements raccourcis, ce constat n'est pas près de s'atténuer, au contraire. Il est temps d'évoquer ici l'un des derniers fléaux des marchés actions européens : le passage aux nouvelles normes comptables, dites IFRS, un chantier pluridécennal dont on devrait percevoir les premiers éboulis en 2005. Or, ce changement de repères comptables va entraîner durablement un surcroît massif de travail des comptes pour les analystes financiers, tellement soudain qu'il sera difficile d'éviter une gigantesque pagaille de chiffres à partir du printemps 2005 [1]. Par ailleurs, l'obligation sera faite de plus en plus fortement aux entreprises cotées, de publier leurs résultats financiers tous les trimestres.

Dans leur très grande majorité, les directeurs financiers d'entreprises cotées reconnaissent eux-mêmes que ces chiffres ne veulent rien dire, notamment pour des questions de saisonnalité, mais aussi parce que ces séquences sont trop brèves pour tirer des perspectives et des analyses fiables, sur une image à peu près fidèle de l'entreprise.

Qu'à cela ne tienne : ces exigences assurent la fortune durable des cabinets d'expertise comptable, qui avaient grandement besoin de se refaire une santé économique et une légitimité après leurs exploits enroniens et vivendesques.

---

1. Voir Interview du *Nouvel Observateur*, 23 septembre 2004.

Hasard ou coïncidence : ce sont eux les premiers donateurs pour le budget de l'IASB (source : rapport annuel 2003 de l'IASB, pages 20 à 23), ce lobby basé à Londres et pilotant la prolifération des normes IFRS dans le monde.

Autre hasard ou coïncidence : le lobby de ces normes comptables censées s'imposer au monde entier, sauf aux Etats-Unis et au Japon, est massivement financé par... des entreprises japonaises et américaines ! Sans verser dans la théorie du complot, il faut tout de même se demander si cette gigantesque opération de purification comptable, dont les coûts sont entièrement supportés par les entreprises européennes, ne revêt pas quelques arrière-pensées. Les normes IFRS, outil vertueux universel ou machine de guerre économique ? Quelle que soit la réponse, ces charges de surtravail pour les entreprises, coûteuses, chronophages et finalement assez inutiles, ont au moins un mérite : elles occupent les analystes. Il leur reste alors peu de temps pour les questions de fond : la société gagne-t-elle ou perd-elle des parts de marché ? Sa franchise industrielle se renforce-t-elle d'année en année ? Et son endettement ?

C'est mathématique : une société qui double son endettement en deux ans, c'est spectaculaire, inquiétant. Mais, si vous êtes le nez collé à la performance trimestrielle, et que vous constatiez que trimestre après trimestre, l'endettement augmente de seulement 9 %, ce n'est plus un sujet.

Or, un endettement qui augmente de 9 % chaque trimestre pendant deux ans, aura bien doublé sur la période! (Pour les sceptiques, multiplier huit fois de suite le chiffre 1,09.)

A force d'avoir le nez dans le guidon du matin au soir, les investisseurs et les entreprises risquent de belles sorties de route.

Au nom d'une prétendue nécessaire comparabilité, la communauté financière va donc se surcharger de nouveaux éléments à intégrer, triturer, bidouiller, au détriment de l'analyse fondamentale.

C'est l'un des paradoxes de la décennie financière : jamais la communauté financière n'a été autant abreuvée de chiffres, d'informations, et jamais elle n'a commis autant d'erreurs dans ses estimations et travaux de valorisations – peut-être depuis la spéculation sur les bulbes de tulipes hollandaises au XVIIe siècle.

Comme si l'excès d'informations avait accéléré la perte des repères financiers.

Or, que se passe-t-il lorsqu'on a perdu tout repère rationnel, et qu'il faut malgré tout en donner – puisque telle est la mission des analystes ? On a recours à l'irrationnel. Comme tout le monde : certains croient dans l'au-delà de la vie, d'autres dans l'au-delà des cartes, des tables de spiritisme ou du marc de café. Sans doute est-ce une loi humaine : quel que soit le lieu où l'on se situe, il y a toujours un au-delà pas très loin.

Pourquoi en serait-il autrement sur les marchés financiers ?

L'Au-delà de la finance, le Purgatoire des chiffres, le Paradis des poètes du CAC40 et l'Enfer des gens raisonnables, existe. Je l'ai rencontré et vais donc en témoigner dans les lignes qui suivent.

Pour toucher à cet Absolu, il convient d'approcher la nouvelle religion des marchés : le chartisme.

Le chartisme

Le chartisme, autrement appelé « analyse technique », est une affaire à prendre très au sérieux. Toute institution financière respectable dans ce bas monde a son département, son bureau de recherche en chartisme et analyses techniques.

Avant la bulle financière des années 1999-2000, le chartisme était une science occulte, dont les textes fondateurs s'échangeaient sous le manteau. Seule comptait l'analyse dite fondamentale, celle qui fondait les calculs de valorisation des entreprises sur leurs données financières, leurs situations économiques réelles.

Hélas, on a vu où menait le fondamentalisme de cette analyse-là. Sur les décombres du krach internet a pu prospérer la religion nouvelle du chartisme.

Le chartisme est une religion révélée, avec ses prophètes, ses livres, ses disciples, ses vérités cachées, ses légendes.

Commençons par le Premier Prophète du Chartisme, le grand mathématicien médiéval Fibonacci, à qui l'on doit des sommes roboratives telles *Liber Acci*, *Practica Geometriae* et *Liber Quadratorum*, publiées de son vivant au XIIe siècle de notre ère.

186

Monsieur Fibonacci s'intéressait apparemment de près à la reproduction animale. Le problème suivant lui ouvrit grandes les portes de la renommée : un couple de lapins étant dans un espace clos, combien de couples de lapins peut-il engendrer en un an, sachant que chaque couple donne naissance à un nouveau couple à partir du deuxième mois ?

Monsieur Fibonacci devait être un peu obsédé. Non pas des lapins et lapines et de leurs activités reproductrices, mais des chiffres. Il découvrit que, de mois en mois, la reproduction des lapins suit la séquence suivante : $1 - 2 - 3 - 5 - 8 - 13 - 21 - 34 - 55 - 89 - 144...$

Hasard ou coïncidence ? Plus les lapins besognent les lapines, plus le rapport des deux nombres de lapins consécutivement engendrés (3 divisé par 2, puis 5 divisé par 3...144 divisé par 89...) se rapproche d'un nombre magique : 1,618 (ou son inverse, 0,618).

Ce chiffre s'appelle le nombre d'or. Tous les architectes et artistes le connaissent : les proportions d'un objet qui a cette valeur sont belles à regarder. Ce nombre est aussi la base mathématique des tournesols, des coquilles d'escargots, des cartes à jouer, des galaxies lointaines en spirale, etc. Il a servi d'unité de mesure pour les bâtisseurs de cathédrales, et la pyramide de Khéops.

Il n'est pas interdit de rêver un peu, de réveiller nos fibres astronomiques, poétiques ou ésotériques, et de méditer sur ce mystère.

Malheureusement, lorsque l'Ultime Prophète du Chartisme arriva sur terre 700 ans après Fibonacci, l'heure n'était plus à la poésie ou au mystère, mais déjà à la finance industrielle, ses premières cadences infernales. Et ses premiers dégâts sur l'espèce humaine.

Ralph Nelson Elliott est né en 1871, dans la charmante petite ville de Marysville dans le Kansas. Il mourut en 1948, mais dans des circonstances sordides : veuf, sans descendance connue, sans un sou, et dans un hôpital psychiatrique qui l'avait recueilli deux ans auparavant.

Tout avait pourtant bien commencé pour M. Elliott. D'abord, il n'avait quasiment pas fait d'études. Sa biographie officielle le suggère avec une grande élégance : « *his educational path is unknown* [1] ».

Après une jeunesse texane, il part à l'aventure : ce sera le Mexique, où il travaille comme cheminot dans une compagnie américaine de chemins de fer.

C'est en 1896 que les choses prirent mauvaise tournure : il commença de s'intéresser à l'expertise comptable (« *he entered the accounting field* »). Ses biographes assurent qu'il investit avec ardeur et passion cette discipline technique, mais sans la moindre prédisposition, la plus petite formation ou l'ombre d'un diplôme en la matière.

Cette nouvelle condition devait lui ouvrir d'immenses perspectives de chiffres à aligner.

Il fut ensuite pris dans un tourbillon d'événements personnels et professionnels complexes, des vagues successives alternant joies et peines, petits boulots et grande inactivité, sillonnant l'Amérique d'est en ouest

---

1. Robert Prechter, *A Biography of Ralph Nelson Elliott, R.N. Elliott's Masterworks – The Definitive Collection.*

(de New York à Los Angeles) et du nord au sud (Etats-Unis, Mexique, Guatemala, Cuba, Nicaragua), posant ses valises rarement plus d'une année civile.

Cette vie épuisante de zigzags incessants et d'instabilité chronique devait durer plus de 20 ans. A 55 ans, en 1926, pris de maux de ventre apparemment insurmontables, M. Elliott se coucha. Il s'alita littéralement pendant une demi-douzaine d'années.

C'est alors que M. Elliott prit conscience de sa mission universelle : apporter le chartisme au monde. De 1926 à 1932, n'ayant rien d'autre à faire que de rester couché toute la journée dans une chambre miteuse à New York, M. Elliott tua le temps comme il put. Ç'aurait pu être les mots croisés. Fort heureusement pour l'Humanité, ce furent les chiffres croisés. Il fut pris d'une passion subite pour les chroniques boursières, qu'il dévora goulûment, toujours en position horizontale.

Pendant toute cette période qui compta environ 2 000 journées de Bourse, M. Elliott, véritable pionnier des analystes financiers de la Terre, empila, compila, compulsa, décortiqua, compara les cotations journalières des centaines de valeurs cotées à la Bourse de New York.

2 000 jours à éplucher la cote à Wall Street, allongé dans son lit de douleur, cela vous change un homme. Surtout si vous avez le bon goût de le faire au moment précis de la crise financière du siècle : l'euphorie boursière des années 1920, suivie du krach de 1929 et de la Grande Dépression des années 1930.

Pour les uns, M. Elliott perdit définitivement la boule à ce moment précis. L'erratisme des fluctuations boursières, de plus en plus amples et rapprochées, laissa des traces indélébiles dans un esprit déjà épuisé.

Pour d'autres, c'est le moment que M. Elliott choisit pour révéler au monde sa puissante théorie dite des « vagues d'Elliott ». Le 31 août 1938, en pleine chaleur estivale, M. Elliott publia *The Wave Principle (Le Principe de la vague)*.

Les vagues d'Elliott étaient nées. De même que le Dieu d'Abraham confia dix commandements aux hommes, Ralph Nelson Elliott décréta que les mouvements des actions financières en particulier et de la vie des hommes en général, dont la sienne, étaient régis par des séries de vagues dites « fractales », plus ou moins longues, plus ou moins espacées, mais toujours au nombre de 5. Ni quatre, ni six : cinq vagues.

Plus précisément, l'autodidacte Elliott aurait découvert, à mains nues et sans ordinateur, que le mouvement d'une action, ou d'un indice, suivait des mouvements successifs de hausse et de baisse selon des cycles de vagues : 5 vagues de hausse suivies de 3 vagues de baisse. On appelle cela une figure « elliottiste », en toute simplicité. Ces figures sont tantôt ascendantes, tantôt descendantes, selon que le cycle est haussier ou baissier.

Pour parfaire son tableau marin, que l'on devine plein de vagues et sans doute chargé d'embruns et de brumes, M. Elliott décréta que les vagues étaient reliées les unes aux autres selon un rapport mathématique entre les amplitudes et les durées des vagues, ce rapport n'étant rien d'autre que... le nombre d'or de l'excellent Fibonacci !

Les marchés financiers, tout comme la plupart des constructions humaines ici-bas, seraient tous reliés entre eux et n'obéiraient qu'à une seule loi : celle du nombre d'or !

M. Elliott, bien qu'alité et solidement arrimé au sol de Manhattan depuis des années, dut en concevoir un mal de mer certain.

M. Elliott attendit élégamment la fin de la Deuxième Guerre mondiale pour publier en 1946 rien de moins que *Nature's law – Le secret de l'Univers*. Ce qui le conduisit directement dans l'un des plus fameux hôpitaux psychiatriques de New York, le Kings Park State Hospital, où il mourut d'une maladie du cœur après deux longues années de souffrance morale.

Même les comédies humaines les plus burlesques peuvent avoir des fins tragiques.

Force est de constater qu'un demi-siècle plus tard, les disciples de M. Elliott sont toujours plus nombreux, visibles, bruyants sur les marchés financiers, et que leur influence dans les prises de décisions d'investissements rationnels ne cesse de croître. Il s'agit des chartistes et des analystes techniques, dont les travaux, analyses et publications reposent en grande partie sur la théorie des vagues de M. Elliott, mais aussi sur diverses chinoiseries comme les bougies japonaises, le tao, etc. [1]

---

1. En janvier 2005, une éminente association française d'analystes chartistes invitait ses membres à une conférence au sommet sur « Le Tao de la Bourse et du trading ».

L'International Federation of Technical Analysis revendique une dizaine de milliers de praticiens adhérents, et fédère une vingtaine d'associations professionnelles dans autant de grands pays développés.

Au-delà des chiffres, il suffit de consulter les journaux et magazines financiers les plus sérieux pour constater que les pages d'analyses techniques augmentent régulièrement, au détriment des pages d'analyse financière classique, fondamentale, qui a malheureusement fait la preuve de ses limites ces cinq dernières années.

Le lecteur assidu des pages et revues boursières est devenu un familier des recommandations d'analyses techniques.

Il navigue en expert à l'intérieur de ce salmigondis de notions mi-mathématiques, mi-ésotériques, abreuvé de découvertes lexicographiques intéressantes.

Les « chandeliers japonais », les « bandes de Bollinger », les « tête-épaule inversée », n'ont plus de secrets pour lui.

Au-delà de ce vocabulaire mystique, le message véhiculé est assez simple. Quel que soit le titre financier étudié (devises, actions, obligations, etc.), l'analyse technique répète inlassablement la même vérité vraie du sapeur Camember : « quand on a dépassé les bornes, il n'y a plus de limites ».

Ce sont les fameux franchissements de seuils. L'idée de génie des chartistes est de dire : « Attention, si l'action monte plus haut qu'un certain niveau, elle risque d'aller très, très, très haut. Mais si elle baisse en deçà d'un autre niveau, prenez garde : elle pourrait bien aller très, très, très bas. »

Pressentant que le lecteur se demande si l'auteur n'est pas en train de le mener en bateau, surfant sur des vagues absconses, j'ai recueilli ci-dessous un échantillon de perles rares, pêchées sur les meilleurs sites et magazines boursiers de France et de Navarre. Un peu de lecture liturgique nous fera le plus grand bien (nota : les recommandations suivantes concernent la même valeur du CAC40, vers l'hiver 2004).

Depuis le « trou d'air » du 17/11, Tartempion s'est refait une santé vers 21,75 euros et tente de rejoindre le sommet du « gap » ouvert depuis un mois sous 23,32 euros. Les MM20 et MM50 qui se croisent maintenant vers 22,90 euros tentent de s'y opposer tandis que les oscillateurs, au contraire, manifestent clairement leur volonté de continuer à grimper pour soutenir le mouvement de recovery.(...)Le titre aborde donc une zone de résistance décisive et peut soit retomber en direction du support oblique des 21,30 euros, soit retracer le zénith des 23,90 euros avant de s'attaquer au sommet du canal haussier situé vers 24,10 euros.(...) Au moindre dérapage sous les 19 euros (support ascendant long terme), Tartempion risque d'amorcer une longue correction en direction de 17 euros... et la règle du balancier admet la possibilité d'un repli jusque sur 16,50 euros.

La Bourse, c'est simple comme un horaire de marées. Il faut juste avoir le cœur bien accroché.

Conclusion circulaire

La difficulté d'un chapitre traitant de références circulaires est naturellement d'en sortir.

Il existe des exceptions dans ce maelström de *short-cuts* et de vagues d'Elliott qui emportent tout sur leur passage. Il y a des analystes financiers et des investisseurs qui savent prendre le temps, le recul, la distance nécessaires pour faire leur travail sérieusement et honnêtement. Ce ne sont pas nécessairement les professionnels les plus visibles, mais ceux qui savent durer dans ce métier rendu impossible par des exigences folles en termes d'immédiateté des opinions et d'instantanéité des résultats.

Comment répondre à des exigences aussi folles, en ayant recours à la stricte rationalité? Les références circulaires se prolongeant à l'infini, que peut-il exister d'autre, en fin de course, sinon de l'irrationnel à l'état pur?

Ce chapitre circulaire et pas très rationnel ne sera jamais totalement clos. En revanche, connaître cette réalité-là des marchés financiers oblige, ou devrait obliger, à une certaine modestie de la part de ses praticiens. L'auteur de ce livre inclus.

Je dois donc ici avouer qu'il m'est arrivé de me tromper, tout bêtement. Et plus d'une fois.

Sans doute le lecteur est-il jusque-là assez impressionné par ma note du 16 mars 2000, annonçant le krach des valeurs internet.

Une version plus complète de mes exploits analytiques rappellerait que neuf mois après, je publiais une

note homérique et kubrickienne pour une stratégie d'investissement en 2001. « 2001, l'odyssée de
l'espace médias. » En résumé : rachetez toutes les
valeurs de médias. Pas de quartier ! Cette année-là,
effectivement, le CAC40 ne fit pas dans le détail, per-
dant un cinquième de sa valeur : – 22 %. Les groupes
cotés de médias en Europe perdirent en moyenne le
tiers de leur valeur. Il est vrai que le 11 septembre
n'avait pas aidé les performances boursières en 2001.

Un analyste ne peut pas tout le temps se tromper.
Mais il est rare qu'il ait toujours raison. Et lorsqu'il se
trompe, mesure-t-il vraiment l'impact de ses erreurs ?
A-t-il conscience des impacts parfois très négatifs de
ses erreurs d'analyse sur la vie réelle des entreprises ?
A-t-il pris toute la mesure de sa responsabilité, quand
il lâche ses opinions en pâture aux marchés ?

C'est aussi en 2001 que je devais commettre l'une
de mes erreurs de jugement les plus achevées sur une
entreprise bien connue des citadins français et du
monde entier : le groupe JCDecaux.

CHAPITRE 8

Tous aux abribus ?

Mardi 10 juillet 2001, 18 heures, siège de JCDecaux, Plaisir (Yvelines)

« Ce fut une vraie partie de Plaisir. »

C'est une sorte de réflexe, une tare génétique : je ne peux pas m'empêcher de faire le malin devant plus fort et plus costaud que moi.

Ce mardi 10 juillet 2001, dans une des salles de réunion du siège de JCDecaux, à Plaisir dans les Yvelines, voilà que ça me reprend.

Pourtant, je n'en menais pas large face à ce membre imposant du comité exécutif de JCDecaux. Deux heures de discussions, plutôt de confrontation directe, sans concessions ni faux fuyants. Il faut dire que mon interlocuteur ne manque pas de métier, ni d'arguments légitimes pour fragiliser ma position.

Quinze jours auparavant, JCDecaux s'introduisait en Bourse, à l'aide de deux banques sponsors parmi les plus puissantes dans le monde : Goldman Sachs et Deutsche Bank. La famille Decaux, détentrice de 100 % du capital, avait souhaité en placer 27 % sur le

197

marché, pour réduire l'endettement de la société et passer à une nouvelle étape de son développement.

La valorisation semble alors assez agressive : 16,5 euros par action, soit une valeur totale de 3,65 milliards d'euros, 36 fois les résultats.

Une valorisation alors généreuse par rapport à un marché publicitaire en pleine récession. En outre, le modèle économique de JCDecaux est compliqué, il faut l'apprivoiser, le décortiquer, le travailler pour bien le comprendre. Une société de médias qui opère des concessions de 20 ans avec des mairies, qui est obligée d'installer des sanisettes, des abribus, des vélos gratuits, des bornes internet... dans les villes avant de retirer du chiffre d'affaires publicitaires, ce n'est pas courant. C'est même unique au monde. Et pour cause : JCDecaux est l'inventeur et le développeur de ce concept publicitaire original de mobilier urbain.

Par nature, les montants financiers à investir au départ de ces activités sont très élevés : avant de percevoir les premiers revenus publicitaires tirés de la gestion de ces espaces et mobiliers urbains, l'entreprise doit équiper, développer et maintenir ces infrastructures.

Tout cela coûte beaucoup d'argent. Surtout lorsque d'autres groupes, aux moyens financiers considérables, flairent la bonne affaire et décident de s'y mettre à leur tour. Ainsi, après avoir ouvert ce marché en pionnier, JCDecaux vit débarquer des mastodontes américains déversant des pluies de dollars sur les appels d'offres : Viacom, 70 milliards de dollars de capitalisation boursière, propriétaire entre autres menues entreprises de CBS et de Paramount; et Clear Channel, géant de la radio aux Etats-Unis, pesant une vingtaine de milliards de dollars de capitalisation boursière. David contre Goliath, sauf qu'ici les Goliaths américains sont au nombre de deux, et sont 5 à 15 fois plus costauds, boursièrement, que le David français.

La bagarre devint particulièrement âpre à la fin des années 1990, lorsque ces deux Titans décidèrent d'acheter à tour de bras, et sans trop faire attention aux valeurs – bulle financière aidant –, des pans entiers de l'industrie européenne de la publicité extérieure. Le groupe More en Grande-Bretagne, les groupes Giraudy et Dauphin en France furent engloutis en quelques mois.

Pour résister à de tels assauts, le groupe familial JCDecaux ne pouvait compter que sur ses propres forces. Ainsi, à la fin de l'année 2000, JCDecaux affichait une dette financière environ deux fois supérieure à ses fonds propres.

Tout cela ne me plaisait pas beaucoup. D'autant plus que les indications que me donnaient les agences et les grands annonceurs publicitaires sur l'état du marché étaient très mauvaises pour les mois à venir. Par ailleurs, le climat boursier s'était sévèrement dégradé. En mai et juin 2001, l'indice Datastream mesurant la performance boursière des entreprises de publicité en Europe avait chuté de plus de 20 %. Etonnamment, j'avais depuis longtemps remisé dans un fond de placard ma note de début d'année sur « l'Odyssée » des valeurs médias européennes, aux perspectives alléchantes. Pour la reprise publicitaire et boursière, c'était complètement raté.

C'est dans ce contexte particulièrement chahuté que JCDecaux se présentait sur les marchés. Ils n'allaient pas être déçus.

Je fais mes calculs, interroge quelques clients et concurrents de JCDecaux, et me lance. Deux jours après l'introduction en Bourse, l'action JCDecaux cote 16,5 euros. Après avoir cherché en vain, mais pas de façon très insistante – un appel opportunément égaré –, à prévenir la société JCDecaux, je sors mon étude surprise, comme un cadeau malus.

Recommandation : Vente ! Objectif de cours : 11 euros, soit 50 % de potentiel de baisse par rapport au cours d'introduction. Et le titre, pour être sûr de se faire comprendre par tous, et détester par la société et par tous les investisseurs qui avaient acheté du Decaux : « JCDecaux : tous aux abribus ! »

Très drôle. Ce titre a beaucoup plu au Crédit lyonnais Securities et à ses clients. Un marketing d'enfer fut initié par les vendeurs actions.

15 jours après ma note, l'action Decaux avait perdu un sixième de sa valeur. 650 millions d'euros partis en fumée. Pour la famille Decaux, actionnaire à hauteur de 73 %, cela signifiait près d'un demi-milliard d'euros de perte de valeur.

Un joli coup. Qui n'a pas fait très plaisir du côté de Plaisir.

Je reçois des appels outragés : « Vous auriez pu

nous prévenir ! » « Qu'est-ce que c'est que ces méthodes ! C'est ça les marchés ?... »

Intérieurement, je me marre plus que je ne prends peur. « Eh oui, les petits gars, vous étiez peinards à contrôler votre boutique à 100 %. Vous avez voulu voir ce que c'est que les marchés ? Jouer dans la cour des grands ? Bienvenue ! Mais d'abord, une petite séance de bizutage. »

Les marchés, c'est cela aussi. Des francs-tireurs qui tirent à vue. Ou plutôt des snipers : vous ne savez pas d'où est parti le coup, mais il est parti. Trop tard pour le rattraper. L'idée, le soupçon est dans le marché, comme le ver dans le fruit : « JCDecaux ? Beaucoup trop cher. Et c'est compliqué leur affaire. Allez, je les revends. »

« Erreurs. » Un mot désagréable vient me sortir de ma jubilation de petit flingueur de Bourse.

« Pardon ?

— Oui, c'est inadmissible, il y a des erreurs dans votre note. Des erreurs substantielles, qui baissent indûment votre objectif de cours de 3 euros. »

Qu'ouïs-je ? Qu'entends-je ? Moi, des erreurs ? Pour qui il se prend ? C'est moi l'analyste. Les erreurs, connais pas ! Par définition, je n'en fais jamais. J'analyse donc je suis. Et puis quoi encore ! Ça serait-y pas de l'intimidation, ça ? Ne jouez pas avec ça, sinon ça ne va pas aller, entre nous. Pas bon de se fâcher avec « la communauté financière » deux jours après s'être introduit en Bourse. Non mais, elles ne manquent pas d'air, ces boîtes. On leur met deux claques à travers le portrait, et après elles viennent gémir ? Z'avaient qu'à rester en dehors du marché, ça serait pas arrivé.

Mais on ne sait jamais. Sur un ton faussement détaché et supérieur, je demande : « Des erreurs, où cela donc ? » Et l'on me répondit : « Là. »

Je reprends mon modèle de calculs, et effectue, deux ou trois vérifications. Horreur. Effroi. Enfer et dilution. Après « Tous aux abribus ! », voici : « L'analyste aux sanisettes ! ». Il y avait bien erreur. Pas une erreur magistrale, fondamentale, lourde. Mais une erreur quand même. Une erreur d'interprétation, une mauvaise lecture, qui avait effectivement tiré mon objectif de cours à la baisse. Alors là, pas le moment de finasser.

« Je vois ce que vous voulez dire. Ecoutez, c'est un peu compliqué à expliquer (en fait, c'était très simple). On pourrait se rencontrer pour en discuter à bâtons rompus, non ? »

Pour les bâtons rompus, c'était trop en demander. Rendez-vous fut pris. A l'issue d'une visite groupée, organisée pour les analystes financiers, du site industriel de JCDecaux à Plaisir, je rencontrerai donc l'un des principaux dirigeants du groupe n'appartenant pas à la famille.

Il était là, en face de moi.

Deux heures de lutte. De bagarre. D'arguments et de contre-arguments. Pas de place pour l'esquive. Là, j'étais face à de vrais industriels et à du vrai argent. Normal, JCDecaux n'est pas une société comme les autres, qui n'appartiennent plus à personne tellement leur capital est dilué. JCDecaux est détenu par de vrais actionnaires, de vraies personnes, une vraie famille. Et pendant cette discussion de deux heures, cet intérêt patrimonial en jeu, je ne le sentis pas du tout dilué, mais extrêmement concentré, et âprement défendu. A tel point que j'en avais mal au crâne.

La réunion se terminait sur un accord à l'amiable . je conservais ma recommandation à la Vente, mais publierais une note rectificative sur l'objectif de cours, qui passerait de 11 à 13 euros. Mon interlocuteur termina le rendez-vous en me proposant de le revoir bientôt. Ce à quoi je crus intelligent de répondre : « Bien volontiers. Ce fut une partie de Plaisir. »

L'humour, c'est comme la Bourse. Quand vous avez un mauvais timing, même les meilleures idées deviennent des catastrophes. Le regard noir qui me fut alors lancé voulait dire : « Foutez-moi le camp fissa, ou je vous transforme en colonne Morris, modèle réduit. »

Sur le chemin du retour, j'étais dans mes petits souliers. J'allais travailler toute la nuit à « corriger le tir », sans toutefois me renier. Pas facile.

Il y avait autre chose qui me tracassait au-delà de ces ajustements techniques. Quelque chose de plus profond, et de plus lourd à porter qu'un calcul mal posé.

Juste avant cet entretien robuste, à l'issue d'une présentation aux analystes réalisée par le management du groupe JCDecaux, le frère aîné de la famille, Jean-François Decaux, vient vers moi. Pas agressif, très contrôlé. Mais très présent.

« Alors, c'est vous, l'analyste du Crédit lyonnais ? Je vous félicite pour vos travaux. »

Bon, là, ne pas la ramener. La famille du monsieur est l'une des dix premières fortunes de France. Si l'envie lui prenait, avec un peu de dette, il pourrait racheter le Crédit lyonnais. Donc, priorité : on la ferme. Il continue.

« Oui, je vous félicite, parce que grâce à vous, nous allons sans doute être la prochaine entreprise française à être virée du marché australien. Lisez donc cet article. Regardez, vous pouvez être fier de vous : votre étude a fait le tour de la planète. »

Jean-François Decaux me tend la copie d'un article sorti la veille dans un des grands titres de la presse australienne, le *Sydney Morning Herald*. L'article tirait à boulets rouges sur JCDecaux. JCDecaux essayait alors de gagner un important contrat sur l'Australie, d'une valeur de cinquante millions de dollars : l'équipement et l'exploitation des espaces publicitaires du réseau d'autobus de la ville de Sydney.

En troisième colonne, l'article indiquait clairement qu'un courtier français, le Crédit lyonnais, s'inquiétait de la situation financière précaire du groupe JCDecaux, « recru de dettes » (*debt-laden*), et ayant devant lui des perspectives quasi inexistantes de croissance de chiffre d'affaires et de résultats, dans un environnement toujours plus compétitif.

A la fin de l'article, le message pour le lecteur australien était clair : la ville de Sydney serait bien bête de confier un contrat si important à ces Français qui pourraient mettre la clé sous la porte le surlendemain.

En quelques lignes, JCDecaux perdait des mois de travail de lobbying à faire accepter aux Australiens l'idée qu'une entreprise française pouvait équiper sa capitale, quelques années après la reprise des essais nucléaires à Mururoa.

Bravo, Edouard. Quand en plus on se veut patriote pour l'industrie européenne, tendance « la guerre économique », ce genre d'articles vous va droit au cœur... Là, une seule solution : regarder longtemps ses pompes. Ne pas les quitter du regard. Sont-elles si bien cirées que ça ? Il va bien finir par me lâcher, l'autre ? C'est bon, il est parti ? Je peux relever la tête ?

J'aurais pu me défendre : « Mais ce n'est pas moi, ce sont ces irresponsables journalistes australiens qui, sous l'influence de vos concurrents, ont utilisé ma note ! C'est dégueulasse ! »

Il n'empêche, le mal était fait. Je crois que ce jour-là, et pas avant, j'ai pris pleinement conscience du pouvoir de nuisance de ma profession. Parce qu'on nous crédite du statut d'« expert », à la fois expert financier (les analystes sont censés savoir combien valent les entreprises) et expert d'une industrie, nos notes, si elles rencontrent une audience à un moment donné, peuvent avoir un impact qui dépassera n'importe quelle campagne publicitaire, ou n'importe quelle campagne de presse pour asseoir la notoriété ou détruire la réputation d'un groupe.

Cela veut dire qu'il faut être sûr de chacun de ses chiffres, de chacun de ses mots, de chacune de ses expressions. Et l'un des moyens les plus efficaces pour avoir ces sûretés est de faire valider la note par le management de l'entreprise. Pratique choquante pour certains, elle ne l'est plus pour moi.

D'abord, le côté « analyste-sniper » qui va tirer sur une entreprise par surprise est une pratique odieuse en soi, et dangereuse pour les sociétés comme pour les investisseurs. Et les salariés. Qui peut bien être gagnant avec de telles attaques, à part les courtiers et éventuellement les vendeurs de produits dérivés, qui ont besoin de volatilité accrue et de ruptures dans le comportement boursier d'un titre ?

Par ailleurs, faire relire une note par une entreprise permet de supprimer toutes les erreurs factuelles. La seule condition pour éviter de tomber dans la complaisance : pouvoir tenir ferme ses positions, et avoir un actionnaire (banque d'affaires ou pas) qui n'ait aucune relation commerciale avec l'entreprise étudiée.

A cet égard, les initiatives et travaux récents des organismes représentatifs des professions de l'intermédiation financière en France, et au premier rang desquels la Société Française des Analystes Financiers (SFAF) et l'Association Française de Gestion (AFG), mais aussi le CLIFF, ont permis des avancées remarquables dans le domaine d'une analyse financière indépendante et responsable. Avancées qui mériteraient d'être prolongées et amplifiées [1].

Mais nous n'y sommes pas encore.

Quelques jours après la « partie de Plaisir », nous publions une note corrective relevant l'objectif de cours, mais qui maintenait notre recommandation à la Vente. JCDecaux ne s'en satisfait pas.

Leur réponse sera dure, mais très professionnelle : ils décident d'écrire une sorte de « lettre ouverte » aux investisseurs actionnaires de Decaux, leur disant en substance : « Vous devez savoir qu'une note du Crédit

---

1. Ainsi du code de déontologie de la SFAF, de la charte CLIFF-SFAF, de la mise à jour des normes GIPS, etc.

lyonnais a été publiée sur notre société... nous l'estimons injuste et fausse pour telles et telles raisons. »

Pas de polémique, pas de jugement de valeur, pas d'attaque ad hominem. Une confrontation publique de faits et d'opinions, à ciel ouvert. Rien de tout ce que j'expérimenterais un an plus tard et qui est raconté dans le prochain chapitre.

Durant l'été, l'action chute en dessous de 10 euros. 1,5 milliard d'euros parti en fumée, soit 1 milliard d'euros de perte de valeur pour la famille Decaux.

Passe le 11 septembre : l'action s'effondre en dessous de 5 euros. C'est uniquement à ce moment-là que nous daignons relever notre recommandation en Accumuler, pour des raisons techniques, mais sans être convaincus sur le long terme.

Une réussite? D'un point de vue de pur courtier cherchant à générer de fortes commissions sur un coup, certainement. Mais quant au fond...

Depuis l'article de la presse australienne utilisant ma note pour fragiliser JCDecaux, je ressentais comme un malaise vis-à-vis de cette société. Le genre de moments où, même si tout le monde vous félicite pour votre coup, vous vous demandez si vous êtes toujours du bon côté de la barrière. Du côté du *good guy* plutôt que du salopard.

En plein mois d'août 2001, pendant mes vacances, je reçus un e-mail qui transforma mes interrogations en certitudes.

Cet e-mail disait à peu près ceci, en anglais :

« Cher Monsieur Tétreau,

Je tiens à vous féliciter pour votre excellent travail sur JCDecaux. Il corrobore en tous points la vision que nous avons de cette entreprise. D'ailleurs, n'hésitez pas à me contacter si nous pouvons vous être utiles par la suite. »

N'ayant pas le droit de citer le nom de ce sympathique expéditeur, je dirai simplement qu'il s'agissait de l'un des dirigeants de l'un des pires concurrents de JCDecaux !

En quelques semaines, j'étais devenu, sans le vouloir, le meilleur soutien des pires ennemis de l'entreprise française JCDecaux, 3 500 employés en France et autant dans le reste du monde. A une autre époque, on aurait appelé cela le parti de l'étranger.

Il y a des mots de félicitations qui ont des allures de bonnet d'âne et un arrière-goût de trahison. Ce purgatoire aura duré un an, pour l'action JCDecaux et pour moi.

Errare analyticum est

Septembre 2002. Un an après son introduction en Bourse, l'action JCDecaux se traîne toujours autour de 10, 12 euros, soit 30 à 40 % en dessous de son cours d'introduction.

Les investisseurs me félicitent pour ma clairvoyance, et font passer des pluies d'ordres de Bourse et de commissions de courtage chez nous, au Crédit lyonnais Securities.

Mais, pour ses résultats semestriels, JCDecaux va sortir des chiffres magnifiques, très au-dessus des attentes du marché : résultats en forte hausse, génération massive de cash flow, réduction drastique de la dette. Tous les indicateurs financiers. sont au vert. Opérationnellement, le succès est encore plus frappant. En un an, JCDecaux aura gagné des contrats dans le monde entier : Los Angeles, Chicago, Vancouver étant parmi les plus visibles.

C'est simple : en moyenne, depuis son introduction en Bourse, JCDecaux gagnait 85 appels d'offres sur 100 dans le monde. Sans entrer dans les détails, chacun de ces contrats d'une durée de quinze à vingt ans en moyenne offre des niveaux de retour sur investissement d'au moins 15 %.

Je reprends mes chiffres, mes hypothèses et ma littérature de l'été 2001.

J'avais boursièrement raison, et économiquement tort. Je relis notamment une de mes conclusions définitives de la première page de l'étude de juillet 2001 : « Le modèle économique traditionnel de JCDecaux n'est plus tenable dans ce nouvel environnement : à l'avenir, moins de marges, moins d'excédents de cash flows, un retour sur investissement plus faible, et de prévisibles nouveaux appels au marché. »

Je ne pouvais pas ne plus me tromper. Les résultats publiés par JCDecaux un an plus tard étaient limpides : le modèle économique de JCDecaux broyait ses concurrents, pourtant nombreux et puissants, à chaque appel d'offres dans toutes les régions du monde, propulsant marges, cash flows et retours sur investissements vers des sommets à dépasser trimestre après trimestre.

La réussite de JCDecaux était aussi spectaculaire que mon erreur de jugement sur eux. Que faire ?

209

Je n'étais pas, loin s'en faut, responsable de l'effondrement du cours de JCDecaux : la conjoncture publicitaire dégradée, le 11 septembre et la panique moutonnière des investisseurs avaient été les principaux facteurs de cette chute.

Je me dis en revanche qu'il était temps, non pas de renier mon « délit d'opinion » passé, mais d'assumer un changement d'opinion à 180 degrés, les faits m'ayant donné tort.

Il me fallait d'abord reprendre contact avec la société, pour vérifier que la nouvelle tendance était durable, discuter hypothèses de croissance, taux de marges, etc.

Je n'osais pas les appeler.

J'imaginais la réaction au bout du fil : « Le Crédit lyonnais ? Non merci, sans façons : on a déjà donné pour vos œuvres l'année dernière, chacun son tour. Allez donc vous occuper de nos concurrents... »

Je finis par composer le numéro de la direction des relations investisseurs de JCDecaux. Au bout du fil, une voix légèrement gênée un quart de seconde, puis : « Bonjour, Edouard, comment allez-vous ? Vous voulez voir notre directeur financier, Gérard Degonse ? Quand êtes-vous libre ? »

A compter de ce jour, et pendant plusieurs semaines, l'entreprise m'a ouvert toutes ses portes, m'a donné accès à tout le senior management, notamment lors de quelques entretiens décisifs avec Jean-Charles Decaux, qui cette année-là assumait la présidence du directoire de JCDecaux, cette présidence étant partagée en alternance, d'année en année, avec son frère Jean-François. Ces entretiens se déroulèrent non pas comme si rien ne s'était passé, loin de là. Mais bien plus comme un défi : « Vous ne nous avez pas crus il y a un an ? Venez voir, venez regarder, venez nous entendre. On n'a rien à cacher. On n'a pas peur du jugement de la communauté financière. »

C'est là que je me suis rendu compte de mon erreur. Nous avons été très nombreux à mal juger JCDecaux à l'époque, car c'est en Bourse une société « incomparable » au sens propre de l'adjectif : il n'existe aucune société dans le monde qui lui ressemble, qui ait un modèle économique similaire.

Tout cela est très ennuyeux pour les analystes. Cela signifie qu'il faut consacrer beaucoup de temps et d'énergie uniquement à étudier JCDecaux pour comprendre cette société. Qu'il faut se construire ses propres repères, rencontrer la société, ses clients, ses fournisseurs, s'informer, décortiquer, analyser. Bref, travailler. Tout ce que l'analyste moderne n'a plus le loisir de faire entre deux références circulaires, trois copier-coller, quatre consultations de chartistes, cinq roadshows, six conférences et douze appels quotidiens vers les investisseurs.

C'est au cours de mes entretiens avec les dirigeants de JCDecaux que mon opinion bascula définitivement sur leur groupe, mais aussi sur les critères durables de sélection d'une entreprise en Bourse.

Ma révision fondamentale d'opinion sur JCDecaux, effective dès l'automne 2002, alimenta ma note annuelle de stratégie d'investissements pour 2003, et que je continue de revendiquer aujourd'hui. Elle plébiscitait le modèle des groupes familiaux de médias, qui ont su, grâce à une gestion industrielle et patrimoniale s'inscrivant dans la durée, traverser la bulle et la crise financière sans dommages. Ces groupes en étaient même sortis renforcés. Hommage au tout récemment panthéonisé Alexandre Dumas oblige, je recommandais pour 2003 « les Trois Mousquetaires » des médias européens : BSkyB (Rupert Murdoch), Lagardère, Mediaset (Silvio Berlusconi) et, dans le rôle du « petit » mais du plus rapide, le d'Artagnan de la bande, JCDecaux.

Deux ans après la publication de cette note, à la fin de l'année 2004, le cours de l'action JCDecaux avait plus que doublé, augmentant la valeur boursière du groupe de plus de 2 milliards d'euros.

Connais-toi toi-même

Le propos de ce chapitre n'est pas de refaire l'argumentaire d'investissement de JCDecaux, ou d'encenser ses dirigeants. La lecture des performances économiques, financières et boursières de ce groupe depuis 2002 y suffit amplement. Par ailleurs, autant je me délecte en lisant chaque semaine l'excellente rubrique « La brosse à reluire » du *Canard enchaîné*, autant je ne suis pas tout à fait certain de vouloir y figurer en bonne place.

Le propos de ce chapitre est de défendre les mérites d'un capitalisme « à l'européenne », par rapport au capitalisme des marchés financiers aujourd'hui, sous la dictature morale et technique des canons américains de la création de valeur.

Ce capitalisme « à l'européenne » est assez bien résumé par le groupe JCDecaux. Le capital est parfaitement contrôlé et verrouillé. Les managers ne sont pas des cadres supérieurs bardés de stock-options, golden parachutes et salaires les mettant chaque mois un peu plus à l'abri du besoin de travailler. Les managers sont des propriétaires, avec tout ce que cela implique comme vision patrimoniale, donc de prudence, mais aussi de capacité à prendre des risques. Le capitalisme n'est pas une affaire de rentiers en stock-options, mais de conquérants.

Cette forme à mes yeux plus performante du capitalisme est aux antipodes du modèle financier dominant aujourd'hui. Un modèle fluide, flottant, si optionnel, où les investisseurs passent mais n'exercent jamais leur responsabilité d'actionnaires durables, traversant les indices boursiers de sous-jacent en sous-jacent, dans une quête effrénée de surperformance de chaque instant.

Aux antipodes des Enron, WorldCom et autres groupes célèbres où les actionnaires, dilués ou impuissants, ont démissionné de leurs responsabilités, la liste des succès du capitalisme « à l'européenne » est impressionnante.

Pour concentrer les exemples sur le seul marché français, les groupes Arnault, Bic, Bonduelle, Bongrain, Bouygues, Casino, Clarins, Dassault, Hermès, Lagardère, Michelin, Pinault, Pernod Ricard, Peugeot, Rémy Cointreau, Sodexho, Wendel, n'ont pas été construits à coups de promesses de stock-options pour

213

dirigeants financiers déjà surpayés. Ils ont été construits sur du dur, c'est-à-dire la prise de risque, l'esprit de conquête, des gestions de coûts particulièrement serrés, et une mobilisation de dirigeants d'entreprises d'autant plus impliqués dans le projet industriel de l'entreprise qu'il s'agit de leur patrimoine, leur identité. Leur propre nom.

S'il est tentant de suggérer une forme de supériorité d'un modèle latin de capitalisme familial, patrimonial et sédentaire, par rapport à un modèle anglo-saxon qui serait beaucoup plus optionnel, fluide, liquide, cette analyse serait de courte vue. Les exemples abondent de turpitudes et des excès de pouvoir de ces empires familiaux devenus autocrates et aveugles au fur et à mesure de leur développement. En France, on se souvient de la faillite retentissante de l'empire Boussac. Par ailleurs, plus près de nous dans le temps, les abus de positions dominantes de familles exerçant une mainmise trop importante sur l'économie de leur pays, abusant de leur position dominante dans tous les registres, politique, social, environnemental, ne sont évidemment pas le bon exemple. Si la quintessence du modèle latin de capitalisme familial décrit plus haut devait être le groupe Berlusconi, il n'est pas interdit de se poser des questions sur sa légitimité.

A la réflexion, la clé de réussite n'est pas dans le caractère familial ou la forme juridique du contrôle capitalistique.

Il faut avoir entendu Nicolas de Tavernost, président du directoire de M6, rétorquer : « vous ne savez pas ce que c'est que de créer et de diriger une société (M6 à ses débuts) qui perd un million de francs par jour pendant trois ans », pour comprendre qu'on peut avoir l'implication et les réflexes d'un entrepreneur en dirigeant une entreprise cotée, sans une famille majoritaire au capital.

De la même façon, il faut avoir vu Alain de Pouzilhac, PDG de Havas attaqué par un raider financier connu, refuser catégoriquement d'utiliser les *poison pills* les plus classiques que lui proposaient certains de ses conseillers, parce qu'« on ne va pas prendre le risque d'inquiéter les équipes et les clients, uniquement pour notre petit confort financier personnel », pour saisir tout le sens de l'expression : capitaine d'industrie.

Il existe aussi des groupes cotés, ayant l'essentiel de leur capital dispersé dans le public, qui sont gérés au moins aussi scrupuleusement que les groupes précédemment cités. En prenant le risque d'oublier beaucoup de noms, et en se limitant au marché français comment ne pas voir que des groupes comme Accor, Air France, L'Air liquide, Axa, BNP Paribas, Danone, Essilor, Lafarge, L'Oréal, Renault, Saint Gobain, Schneider, Société Générale, Total, etc., détiennent eux aussi la clé de la réussite industrielle et boursière, qui n'a rien à voir avec l'envie de plaire aux marchés, ou de suivre les modes boursières ?

Cette clé tient dans un mot très simple de sept lettres, qui n'apparaît pratiquement plus dans les plaquettes et rapports annuels de sociétés cotées.

Ce mot et la réalité qu'il recouvre ont été, eux aussi, dilués et dépréciés au fil des fusions acquisitions, et des crises de croissance de sociétés jouant dans un environnement mondialisé.

Il s'agit de la culture. La culture d'une entreprise. Tout à la fois son histoire et sa géographie, et la conscience collective de s'inscrire dans cette histoire et cette géographie. La culture d'une entreprise, ou cette somme d'expériences, de projets et de ressources humaines. L'expérience des succès, mais aussi et surtout l'expérience des échecs, surmontés ensemble.

La culture, d'entreprise ou pas, démarre par le « connais-toi toi-même ». Agir et décider en fonction de ce que l'on est, plutôt que de se travestir au gré des modes et des lubies.

En six années d'analyse financière, où j'ai eu l'occasion de rencontrer plus de 2 000 investisseurs institutionnels dans le monde, je n'ai pas le moindre début de souvenir d'une seule question sur la culture des entreprises que suivaient ces investisseurs.

Cela n'intéresse apparemment personne sur les marchés. L'EBITDA, la WACC, le chiffre d'affaires du prochain trimestre ou du mois en cours, voilà qui est digne de considération.

Donner le maximum d'informations chiffrées, pouvoir être comparé à chaque instant avec son benchmark, voilà le vrai souci des entreprises assujetties à la myopie des marchés.

Mais afficher du caractère, opposer une résistance, sortir des normes, qu'elles soient comptables ou de communication, là est le crime parfait pour le troupeau des John Benchmark.

Il n'est d'ailleurs pas nécessaire d'émettre des jugements de valeur entre les diverses formes de culture d'entreprise : elles sont toutes légitimes. On peut préférer, selon les goûts et les couleurs, une culture de pionnier à une culture de développeur, une culture de challenger à une culture de dominant ; une culture de création à une culture patrimoniale ; une culture allemande, britannique, espagnole, américaine, italienne, belge, suisse, japonaise, scandinave, à une culture française ; une culture de conglomérat à une culture de *pure play*. Et réciproquement.

Mais refuser d'accorder la moindre valeur à ces cultures, vouloir nier que les cultures d'entreprises existent, chercher à les amalgamer dans les puits sans fond de la transparence, de la gouvernance, de la surperformance, là est sans doute la faute la plus lourde des opérateurs de marché de ces deux dernières décennies.

Encore combien de bulles et de crises financières faudra-t-il aux entreprises et aux investisseurs pour comprendre cette vérité commune ? Une entreprise ne se définit pas par rapport à la vitesse et à l'amplitude de ses mutations génétiques à coups de fusions et acquisitions. Elle se définit par rapport à son identité durable sans laquelle tout développement, durable ou pas, n'est que chimère.

A tel point que l'on doit se demander si les divers dispositifs de pilules empoisonnées (droits de vote doubles, commandites, *golden shares*, etc.) ne sont pas un moindre mal. Certes, ces mécanismes de contrôle, rendant les entreprises inopéables, ne sont pas sans défauts. Mais à tout prendre, s'ils sont le seul moyen technique permettant de tenir la dangerosité des marchés financiers à distance des entreprises, pourquoi ne pas les utiliser ? Surtout si l'on constate dans la durée que les entreprises les plus performantes, industriellement, financièrement et... boursièrement, sont effectivement les entreprises contrôlées et solidement arrimées à leurs territoires et cultures d'origine. Et non pas des sous-jacents totalement désarmés, prêts à tous les travestissements et toutes les dénaturations, au gré des modes boursières.

Pour illustrer a contrario ce danger mortel de dénaturation et de travestissement des entreprises voguant au gré des modes des marchés, il est temps de revenir sur un modèle du genre, esquissé en préambule.

CHAPITRE 9

Motus Vivendi

Mercredi 10 avril 2002, 13 heures,
un restaurant près de la place Vendôme

« Vous outrepassez votre fonction. »

Dans la semaine du 8 avril 2002, Jean Peyrelevade reçoit un appel un peu particulier de Jean-Marie Messier. Le ton est très contrôlé. La voix n'exprime aucune colère, aucune émotion.

Après lui avoir apparemment réclamé ma tête, après avoir menacé de couper les relations commerciales avec le Crédit lyonnais, Jean-Marie Messier n'arrivait pas à faire lâcher prise à cet obstiné de Jean Peyrelevade.

Aux grands maux les grands moyens : « Vous ne saviez pas que votre analyste était fou ? »

L'interrogation sonnait comme une évidence : « Vous ne saviez pas qu'il avait plu ce matin ? Réveillez-vous, vous êtes le dernier au courant ! »

Nous sommes donc début avril, et tandis que Jean-Marie Messier, dans mon dos et à mon insu, travaille Jean Peyrelevade au téléphone, la publication de ma note sur Vivendi Universal commence à faire des ravages dans les marchés.

Les investisseurs qui avaient pris la peine de la lire commençaient d'ouvrir les yeux sur le désastre financier qui se préparait, et qu'ils avaient occulté. Les journalistes la réutilisaient pour tremper leur plume dans la plaie des déficits de ce conglomérat quasi bicentenaire.

L'étau se resserrait autour de Jean-Marie Messier. Le plongeon de son cours de Bourse (plus d'un cinquième de la valeur boursière de Vivendi avait fondu depuis la publication de ses 13 milliards d'euros de pertes) ainsi que l'approche de son assemblée générale (le 22 avril) l'avaient naturellement mis sur la sellette.

Quant à moi, je n'avais plus aucunes nouvelles de Jean-Marie Messier depuis la vidéoconférence du 12 mars, pendant laquelle je discutais avec lui du contenu de ma note.

Ce silence ne présageait rien de bon. Il y avait notamment eu cet article de Jo Johnson, paru en une du *Financial Times* le 12 avril 2002, expliquant qu'un analyste du Credit lyonnais recommandait d'acheter les actions Vivendi Universal sur l'hypothèse d'un débarquement de son PDG, la présence de ce dernier infligeant une décote sur l'action de 39 % (« *Credit Lyonnais' Edouard Tétreau [who] believes a change of chief executive would push the stock up 39 %* »). Trois jours auparavant, *Libération* publiait un article autour de la note du 20 mars : « Messier, un maître du monde au trône fragile ».

Le premier avertissement me fut donné ce mercredi 10 avril 2002. J'avais à peine rejoint un de mes clients investisseurs pour déjeuner dans un restaurant proche de la place Vendôme, lorsque mon portable sonna. Il s'agissait de Catherine Gros, directrice de la communication de Jean-Marie Messier après avoir été au service de son prédécesseur Guy Dejouany.

Passé les formalités d'usage, Catherine Gros entra dans le vif du sujet. « Nous sommes très ennuyés, Edouard, vous outrepassez votre fonction... vous sortez de votre rôle... par exemple votre interview sur Bloomberg, le 28 mars. »

C'était donc ça ! Vivendi Universal se contrefichait de ma note. En revanche, les 7 minutes d'interview que j'accordais à Bloomberg sur le sujet, en français (peut-être quelques centaines de téléspectateurs, pas plus), étaient de la plus haute importance pour les collaborateurs de Jean-Marie Messier.

L'interview tournait autour de ma note, de la possibilité de débarquement de Jean-Marie Messier et de l'état déplorable des finances d'un groupe auquel plus personne ne comprenait rien. Et, on l'a oublié depuis, je recommandais Vivendi Universal à l'Achat, estimant alors que son management, si habile et si prompt à toutes les manœuvres, était encore capable de retomber sur ses pieds, en fermant les activités internet, en vendant Telepiu, en réduisant drastiquement son train de vie et en se concentrant sur la gestion opérationnelle de ses métiers, et non pas sur le prochain deal : « débrancher la deal machine ». Du bon sens, que je résumais pour les téléspectateurs de Bloomberg par une simple formule : « qu'ils [les dirigeants de Vivendi] arrêtent les conneries » et qu'ils se remettent

221

à « faire du cash », sinon, effectivement, oui, Jean-Marie Messier pourrait être débarqué.

Chez Vivendi Universal, on ne devait pas aimer les gros mots. Prononcer le mot « conneries » en fut une belle.

« Vous outrepassez votre fonction. » Pour bien enfoncer le clou, Catherine Gros répéta à trois reprises ce jugement. Je lui ai expliqué combien j'étais étonné de la façon dont la presse avait rendu compte de ma note, rompant son équilibre interne (quatre scénarios, une recommandation à l'Achat) pour n'en garder que les aspects les plus spectaculaires. Mais la presse était libre de faire ce travail éditorial dont je ne pouvais être tenu pour responsable.

Je raccrochai rapidement pour ne pas faire attendre davantage mon client, et n'accordai pas plus d'importance à ce coup de téléphone.

Avec le recul, j'aurais dû prendre cet appel beaucoup plus au sérieux. C'était le premier et le dernier avertissement que Jean-Marie Messier devait m'adresser. Par messagère interposée.

Arrive le week-end des 13 et 14 avril. Je quitte ma femme et mes filles le dimanche après le déjeuner, et pars prendre le dernier vol pour New York. J'avais devant moi une semaine entière de roadshows, à sillonner les Etats-Unis et le Canada d'est en ouest, pour porter ma note à la connaissance des principaux investisseurs nord-américains.

« Vous avez douze nouveaux messages. »

Quel bonheur, cette première journée de road-shows ! Arrivé à New York la veille au soir, je m'étais levé vers 5 h 30 pour prendre le premier vol pour Boston. Les premiers clients étaient très excités par ma note, traduite par *Mercury Rising* en américain (« la pression monte »).

Ce n'était pas la première analyse critique que les investisseurs américains lisaient sur Vivendi Universal. Il y en avait eu quelques autres dans le monde, provenant de bureaux américains ou établis à Londres. Mais là, il s'agissait d'un « Frenchie » d'une banque française qui suggérait que le PDG de Vivendi pouvait être révoqué *ad nutum* par son conseil d'administration, comme le simple mandataire social qu'il était alors. Hérésie ?

Ce crime de lèse-majesté ne cessait pas d'intriguer. De retour le soir même à New York, je dînais avec une demi-douzaine d'investisseurs, toujours sur le même thème.

L'on dîne tôt à New York. A 21 h 30, soit 3 h 30 du matin heure de Paris, je quittais mes clients investis-

223

seurs et rejoignais ma chambre, à l'hôtel Parker Meridien, au quatorzième étage, avec vue imprenable sur Central Park.

Je suis en plein bonheur. Me voici à New York où je viens de voir des investisseurs parmi les plus grands et les plus célèbres au monde. Ils m'écoutent attentivement sur mon analyse de la situation de Vivendi.

En regardant la ville du haut de ce quatorzième étage, je ressens comme une petite sensation de vertige. A moins que ce ne soit de la griserie.

En décidant de consulter la boîte vocale de mon bureau, que j'avais vidée à la veille de mon départ, je n'imaginais pas que j'allais redescendre aussi vite sur terre. Et même un peu plus bas.

« Vous avez 12 nouveaux messages. »

Tiens, c'est bizarre. 12 messages en une journée, c'est beaucoup. Surtout que je précisais sur mon répondeur que je serais absent toute la semaine.

Je les consulte un par un. « Oui, ici Untel du *Nouvel Hebdo*, merci de me rappeler de toute urgence, nous aimerions vérifier quelque chose vous concernant. » Comme c'est étrange. Je passe aux messages suivants : « Allô, ici Untel du *Figaro*, nous aimerions faire votre portrait autour de votre note sur Vivendi, pourriez-vous nous rappeler rapidement, s'il vous plaît. » Et ainsi de suite. De nombreuses personnes se présentant comme des journalistes travaillant pour divers quotidiens et hebdomadaires français laissèrent des messages similaires.

Deux éléments m'étonnèrent : d'abord, je ne connaissais aucun nom parmi les journalistes qui appelaient. Ensuite, il ne s'agissait que de titres généralistes ou de vulgarisation boursière. Pas de presse économique et financière, que du grand public. Etonnant.

Le neuvième message éclaira irrémédiablement ma lanterne. Pour le coup, il s'agissait d'un journaliste que je connaissais. « Allô, Edouard, euh, comment dire. Voilà. Je ne vous ai rien dit, mais je vous le dis quand même : les communicants de Vivendi sont en train d'appeler pas mal de rédactions, pour lancer une sale rumeur contre vous. Rappelez-moi quand vous avez ce message. »

« Une sale rumeur contre vous. » Bigre, ce n'est pas très agréable. De quoi pourrait-il bien s'agir ?

Cela mérite réflexion. J'attrape un coca light dans le minibar.

Des maîtresses cachées ? Elles sont tellement bien cachées que je ne dois plus savoir où je les ai mises.

De la corruption, du blanchiment d'argent, des délits d'initiés ? Pas à ma connaissance.

Des mœurs scandaleuses, de la drogue, des stupéfiants ? Bon, en cherchant bien autour des « soirées du jeudi » du campus d'HEC, au début des années 1990, on a pu me surprendre plus d'une fois dans des états seconds, tenant des discours aberrants aux unes et aux autres, avec un taux d'alcoolémie tangentant un nombre à deux chiffres, parfois en mauvaises postures et en trop bonnes compagnies. Mais à part ces turpitudes d'étudiant, rien de moralement ou de légalement répréhensible. Ou si peu.

Ma canette de coca terminée, je devine enfin de quoi il s'agissait. « Il n'a quand même pas été jusquelà ? » Et si.

Ce que le président de Vivendi Universal n'a pu faire paraître dans la presse en avril, mai et juin 2002, malgré le zèle appliqué de ses équipes de communication dirigées par Catherine Gros, l'auteur Messier réussit à le publier sous son nom, quelques mois après sa chute.

En octobre 2002, Jean-Marie Messier me réservait, comme un aveu de ses tentatives de déstabilisations passées, cette sucrerie dans son livre curieusement intitulé *Mon vrai journal*. Comme si le journal de sa vie, qu'il étalait sans retenue dans tous les médias de France à partir de la fin des années 1990, avait été un « faux journal ». « Quand on voit un analyste du Crédit lyonnais, écarté de son poste précédent pour des désordres psychologiques, devenir " la " référence en matière d'analyse et donner interview sur interview, dans quel monde est-on ? »

Et pourquoi pas violeur d'enfants ou assassin de vieilles dames ? Que fait la police ? semble se demander Jean-Marie Messier. Je ne sais pas si cette phrase en dit beaucoup sur moi-même et sur mes qualités d'analyste financier. Elle en dit long sur son auteur : ses méthodes, son éthique personnelle, son sens de l'honneur. Je souhaite à sa femme et à ses enfants de ne pas avoir lu sa prose. Ma femme et ma fille aînée, elles, l'ont lue. Ma fille cadette la lira peut-être un jour, elle aussi.

Mais en avril 2002, dans la solitude de ma chambre d'hôtel à New York, je n'avais pas ce recul. Et Jean-Marie Messier était bien le patron du géant mondial des médias, Vivendi Universal. C'était difficile de se trouver un ennemi plus puissant à l'époque.

Pour quelle raison étrange Jean-Marie Messier avait-il osé farfouiller ou faire fouiller dans ma vie privée?

Etait-ce par voyeurisme, par légèreté, ou juste pour garder son job?

Son conseiller en communication de l'époque, le PDG de Publicis, ne lui avait-il pas pourtant recommandé de ne pas franchir cette ligne jaune-là, comme il devait me le confirmer lors d'un entretien privé en février 2003?

Mais venons-en au fait, puisque tel semblait être le projet répété et inachevé de Jean-Marie Messier au printemps et à l'automne 2002 : me salir.

Il se trouve qu'il y a bientôt une dizaine d'années, j'ai traversé une épreuve que je ne souhaite à personne : un épisode dépressif. Cette crise s'est heureusement bien terminée, pour moi comme pour mes proches.

Je ne souhaite pas en dire davantage sur ce moment difficile de ma vie privée. Mais comment en faire l'économie, après la campagne publique et littéraire de Jean-Marie Messier et de ses relais contre moi?

« Vous ne saviez pas que votre analyste médias était fou? »

Lorsqu'il entend quelques jours plus tôt Jean-Marie Messier déterrer au téléphone cette pauvre histoire personnelle, Jean Peyrelevade est un peu surpris. Cet ancien directeur de cabinet du Premier ministre Pierre Mauroy, président de plusieurs entreprises publiques,

227

n'est pas né de la dernière pluie. Il sait que les coups bas existent, en politique comme dans les affaires. Les uns et les autres n'ont d'ailleurs pas manqué de lui en donner ces derniers temps. Sans doute était-ce le prix à payer pour avoir osé sauver le Crédit lyonnais du naufrage piloté par ses prédécesseurs.

Mais là, il n'en revient pas. Jean-Marie Messier est allé jusque-là ! On imagine la détresse de ce dernier, alors apparemment prêt à tout pour tenter de préserver son pouvoir, son salaire, ses bonus, son logement de fonction de 500 m ^{2} à New York, etc.

Par principe plus que par souci de son intérêt personnel, Jean Peyrelevade ne manque jamais une occasion de montrer son indépendance d'esprit et de décision. Il refuse donc sèchement ce que Jean-Marie Messier venait apparemment réclamer : ma tête.

Premier bug dans la stratégie de Jean-Marie Messier et de ses conseillers : ils avaient oublié que le Crédit lyonnais était présidé par Jean Peyrelevade. Sans doute l'affaire eût-elle été plus rondement menée avec quelqu'un d'autre sur qui la prise aurait été plus facile.

Qu'à cela ne tienne ! Autour de Jean-Marie Messier, tous ces petits princes de la déstabilisation, ces virtuoses de la manipulation, jamais en manque d'idées dès qu'il s'agit de préserver leurs salaires ou leurs honoraires, passèrent à la vitesse supérieure.

Puisque le Crédit lyonnais ne voulait pas lâcher son analyste, on ferait lâcher prise à ce dernier. C'est un classique de la gestion de crise : on s'arrange pour que celui qui a levé le problème devienne lui-même le problème.

Tel était sans doute le but de ces appels de journalistes, instrumentalisés à leur insu par les communicants de Vivendi, que je consultais depuis ma chambre à New York : me faire peur. Me faire comprendre que l'éventuelle protection du Crédit lyonnais ou de Jean Peyrelevade ne me mettait nullement à l'abri d'une campagne infamante.

Objectif atteint : j'avais très peur. Une peur comme une transpiration lente, une douleur lancinante, qui revient de façon suffisamment espacée pour vous faire espérer qu'elle a disparu, et désespérer de constater qu'elle est toujours là.

Que faire ? Se terrer ? Revenir illico à Paris, arrêter ma campagne de roadshow aux Etats-Unis, alors que les investisseurs dévoraient ma note ? Je me dis que c'était exactement le but de ces manœuvres. Je choisis donc de ne pas subir, et de tenir mon programme de la semaine.

On dit que la première victoire des terroristes est de semer la peur chez les gens, de les obliger à se cacher, à changer leur mode de vie. C'est à cela que je pensais. Pour le moment, il fallait tenir, faire face.

Le dernier message déposé à Paris m'ôta le dernier doute sur les intentions des gens de Vivendi à mon endroit. Le message était de Gremlins. Gremlins, certains anciens du Crédit lyonnais le connaissent. Bien à l'abri derrière ses imperméables passe-muraille et son art de toujours se cacher derrière ses supérieurs, Gremlins fut un des dirigeants de la banque d'investissement du Lyonnais. Il a servi tous les régimes depuis une trentaine d'années, avec la même constance, le même esprit de dévouement.

229

Enfin, Gremlins, tel le Gremlins de Steven Spielberg justement, a une capacité assez rare à subitement passer d'un état plutôt gentillet et sympathique à un état de rage tel que tous les vaccins semblent inopérants.

Bras armé du comité exécutif de la banque, Gremlins me laissa ce soir-là un message. C'est très mauvais en soi. Quand Gremlins a un contact direct avec les analystes, c'est exclusivement parce qu'un PDG du CAC40 n'est pas content d'une de nos dernières notes. Etrangement, ces bons offices passent toujours par le dévoué Gremlins.

« Oui, monsieur Tétreau, rien d'urgent bien sûr, mais dès que vous serez rentré des Etats-Unis, lundi 22 avril à 8 heures, je veux vous voir dans mon bureau. »

J'allais devoir éteindre deux départs d'incendie : dans la presse, et dans la hiérarchie du Crédit lyonnais.

Je terminai donc mon « roadshow » sans rien laisser paraître aux vendeurs actions du Crédit lyonnais qui m'accompagnaient. Je gardai tout pour moi, et pour ma femme que je retrouvais à Paris le week-end du 21 avril. Dans ces moments-là, il vaut mieux être à deux que complètement seul.

« On parle un peu trop de vous
au comité exécutif de la banque. »

Gremlins est un homme ponctuel et matinal. Rien
ne traîne dans son bureau de banquier. Tout est en
ordre. Aucun élément personnel. Pas une photo, pas
une peinture aux murs. Ses goûts et ses couleurs, il se
garde bien de les divulguer. Gremlins est un homme
discret comme le gris.

A peine entré dans son bureau, il m'intime l'ordre
de m'asseoir, et attaque, bille en tête.

« On parle un peu trop de vous ces temps-ci, au
comité exécutif de la banque... A l'extérieur, certains
n'hésitent pas à vous tirer dessus à boulets rouges...
Pourquoi avez-vous si mauvaise réputation, tout à
coup ? Et dépêchons-nous, j'ai rendez-vous avec notre
directeur général dans une demi-heure... Vous pouvez
parler en confiance : tout cela restera entre nous. »

Bien sûr. Je lui racontai à peu près tout. Les appels
de Catherine Gros, les insinuations, les messages des
journalistes, les avertissements. Et l'épisode compliqué de ma vie privée.

231

Gremlins fut alors un peu gêné, sa gêne se manifestant par d'inquiétants tics et rictus faciaux. Même les apparatchiks les plus accomplis gardent des bribes d'humanité.

Ce moment fut passager. Je terminai cet exposé un peu personnel en lui demandant formellement et avec insistance de me retirer la responsabilité de la couverture de Vivendi Universal : « Ils veulent ma peau. Je ne suis pas de taille. Et même si vous me protégez, je ne peux plus produire d'analyses objectives. Soit je me couche, et j'enterre mes jugements critiques. Soit, au contraire... »

Gremlins me coupa. Il ne voulait pas en entendre parler. Il était hors de question que j'abandonne la couverture de Vivendi Universal : « Faites comme si de rien n'était. Mais tenez-vous à carreau. On s'est bien compris ? »

Un peu secoué, je quittai le bureau de Gremlins pour rejoindre l'étage de mes collègues analystes financiers. Personne autour de moi n'avait la moindre idée de ce qui se tramait.

Je restai là, assis devant mes écrans. Immobile. Prostré. Que faire ? Démissionner ? C'était tentant. Mais j'aurais ainsi donné raison à ceux qui voulaient m'abattre.

Le piège était bien construit. J'étais neutralisé. Du travail d'orfèvre. Les cadres supérieurs de Vivendi Universal étaient-ils seuls capables d'un tel chef-d'œuvre ? Je ne le pense pas. Il leur fallait le concours d'une main experte, ayant accumulé de longues années de pratique intensive et à haut niveau du conseil en gestion de crise, pour arriver à un tel résultat.

Cette main-là avait gagné la première manche.

La deuxième manche s'ouvrait quelques heures plus tard, le jour même, dans un sympathique restaurant logé derrière le Palais Brongniart.

« Nous ne sommes pas au pays des tabloïds, ici ! »

Olivier Toscer est à mes yeux l'un des grands journalistes d'investigation à Paris. Intelligent, patient, sceptique, il va au fond des dossiers, ne lâche jamais prise, n'hésite pas à prendre des risques significatifs pour lui-même et les titres de presse qui l'emploient.

Avant d'investir des domaines plus sociétaux et moins policés, il a longtemps exercé ses talents dans le domaine économique et financier. Il devait y afficher un petit côté chasse, pêche et tradition.

Sauf qu'il ne chassait que les grands fauves et n'allait qu'à la pêche au gros. Le tout dans une tradition irrévérencieuse, somme toute assez désuète dans ce XXIe siècle de la communication aseptisée.

Quelques jours plus tôt, pendant mon roadshow aux Etats-Unis, il m'avait adressé un e-mail confirmant mes craintes quant à la campagne que Vivendi Universal lançait contre moi. Je me dis que la meilleure façon de répondre, et d'en savoir plus, était que l'on se voie pour en parler. D'où ce déjeuner où, une fois n'est pas coutume, je ne touchai quasiment pas aux plats. Dans ce genre de circonstances, le fait de se mettre à table vous coupe littéralement l'appétit.

Ayant en face de moi un tel détecteur de mensonges et de demi-vérités, j'exclus d'emblée de jouer au plus malin. Au risque de voir ma petite histoire s'étaler dans la presse le lendemain, je lui dis tout, bien plus qu'à Gremlins en qui j'avais une confiance assez limitée.

Les dés étaient jetés. A la fin de mes confidences, je lui demande s'il comptait utiliser ces informations d'une manière ou d'une autre.

C'était comme si j'avais insulté les 15 dernières années de sa vie de journaliste. Sa vocation.

« Vous plaisantez ? Jamais un journaliste digne de ce nom n'oserait faire une saloperie pareille. Nous ne sommes pas au pays des tabloïds, ici ! Pour un analyste " médias ", vous avez une connaissance lamentable de la presse française. On ne touche pas à la vie privée des gens. Soyez tranquille : aucun de mes confrères ne publiera la moindre ligne. »

Il avait vu juste.

A partir de ce jour-là, et dans les longues semaines qui suivirent, où j'allais au kiosque tous les matins vers 6 heures, dans l'angoisse de découvrir une infamie à mon sujet, je compris que la presse française, malgré toutes les pressions économiques, les intimidations personnelles et les divers trafics d'influence auxquels elle doit parfois faire face, avait cette culture et ce code d'honneur-là.

Personne n'osa écrire la moindre ligne sur ma vie privée. Jusqu'à la publication de ce pathétique *Vrai Journal*.

« **This is called a bankruptcy.** »

Je relis une dernière fois le *CLS Media Daily* que j'allais adresser aux 400 investisseurs, clients et prospects du Crédit lyonnais Securities, spécialisés dans les médias.

C'était environ la 450ᵉ édition de ce produit quasi quotidien, apparemment apprécié des investisseurs.

Trois jours auparavant, Moody's avait dégradé sa notation sur la dette de Vivendi Universal, dans des termes particulièrement préoccupants. Une phrase notamment retenait toute mon attention : « *The Company [Vivendi Universal], in Moody's opinion, is also unlikely to achieve meaningful excess cash flow during the current financial year once the outflow for Vivendi Universal's 2001 dividend is taken into consideration.* »

En français courant, Moody's alertait la communauté financière sur le fait qu'après paiement de son dividende au titre de l'année 2001, Vivendi Universal ne serait pas en mesure de générer des excédents de cash flows « significatifs ». Embêtant pour un groupe déjà surendetté. Encore plus gênant : j'attendais, sur la

236

base des informations financières publiques données par Vivendi Universal, pas moins de 1,8 milliard d'euros d'excédents de cash flows pour Vivendi en 2001. Où étaient-ils bien passés ?

Au moins autant que les articles courageux et pertinents de Martine Orange dans *Le Monde*, ou ceux de *Libération*, du *Financial Times* et des principaux hebdomadaires français d'information, c'est bien la dégradation de la note de crédit de Moody's sur Vivendi Universal qui a tiré le vrai signal d'alarme sur la situation financière de ce groupe. On ne minimisera pas non plus les démissions spectaculaires du conseil de Vivendi Universal de figures aussi incontestables que Bernard Arnault, Jean-Louis Beffa et Philippe Foriel-Destezet, qui auront alerté l'establishment parisien sur le dysfonctionnement des organes de direction de Vivendi Universal. Mais c'est bien Moody's qui a forcé les derniers responsables de Vivendi, pas nécessairement ceux qui composaient encore son conseil d'administration à cette date-là, mais bien plus ses principales banques créancières, à ouvrir les yeux et à agir pour éviter la faillite.

Le 3 mai 2002, le communiqué de Moody's était on ne peut plus clair. La dégradation de la note (pour les puristes : en Baa3) était une première étape avant la dégradation en *junk bond*, en « obligation pourrie ». Au-delà d'une sémantique pas très rafraîchissante, cette éventualité avait des conséquences dramatiques pour Vivendi : elle entraînait l'obligation du remboursement immédiat et du refinancement de lignes de crédit pour 3, 4, peut-être 5 milliards d'euros. Qui le savait vraiment à l'époque ?

Or, ces milliards éventuellement à rembourser, n'importe quel apprenti stagiaire analyste pouvait lire dans les comptes 2002 de Vivendi que ce groupe ne les avait pas. Surprise : pratiquement aucun analyste des grands bureaux de recherche français, européens et américains ne prit la peine d'analyser au fond le communiqué de Moody's et d'anticiper ses conséquences potentiellement dramatiques. Muselage ? Autocensure ? Paresse ?

Que faire, pour ma part ? « Tenez-vous à carreau ! », menaçait Gremlins. Oui, mais... j'étais toujours à l'Achat sur Vivendi !

Que faire ? Ne rien dire, ne rien faire, comme me le réclamait ma hiérarchie ? Cette attitude aurait été hiérarchiquement juste, mais moralement intolérable. D'une certaine façon, j'aurais alors trompé le marché par rapport à ma nouvelle opinion de fond, réelle, sur Vivendi. Après l'avertissement de Moody's, le doute n'était plus permis : le management n'avait plus le crédit et le temps suffisants pour retomber sur ses pieds et éviter la dégradation en junk bond. Je n'avais plus le droit au silence. J'aurais cautionné, sciemment et par omission, la ruine des actionnaires de Vivendi, parmi lesquels comptaient de nombreux et importants clients du Crédit lyonnais Securities.

Que faire ? Ne rien faire, c'était la sécurité. Agir, c'était la responsabilité. Envers mes clients. Et envers l'idée que je me faisais de ma fonction.

J'ai choisi le risque de cette responsabilité-là. De toutes mes années d'analyste, c'est peut-être la seule décision, le seul acte dont je sois vraiment fier aujourd'hui.

Clic.

Le 6 mai 2002, à 17 h 59 le *CLS Media Daily* était adressé à tous les clients et prospects du Crédit lyonnais Securities investis dans les médias. Titre : « VU, from junk bond to junk stock ». Le corps du texte reprenait les principaux termes du communiqué de Moody's, et concluait à un risque de faillite pour Vivendi Universal : « *this is called a bankruptcy.* »

J'étais le premier à l'écrire noir sur blanc.

La réaction du camp d'en face fut immédiate.

Le lendemain, ma hiérarchie m'informe par e-mail que mes travaux sur Vivendi Universal sont placés « sous embargo ». Je n'ai plus le droit de publier la moindre ligne sur ce groupe.

Par ailleurs et très opportunément, un autre e-mail est adressé, cette fois-ci à tous les analystes de CLSE, pour les informer qu'à compter de cette date, ils n'avaient plus le droit de rentrer en contact avec les médias.

Mercredi 8 mai 2002

**« Nous vous prions de bien vouloir accepter
nos excuses pour cet incident. »**

Un de mes supérieurs hiérarchiques, en vacances ce jour férié, me demande les coordonnées du directeur financier de Vivendi, Guillaume Hannezo : téléphone, faxes, etc.

« Edouard, ne te fais aucun souci, on va remettre les choses au point avec eux, ils nous cassent les pieds, ça ne va pas se passer comme ça. » Me voilà rassuré. Ce n'est que bien plus tard, des semaines plus tard, que je pris connaissance du document que ma hiérarchie jugea bon d'adresser par fax ce 8 mai 2002 à M. Hannezo : une lettre d'excuses.

« Les travaux de Monsieur Tétreau sur votre Groupe ont été placés dès le matin du 7 mai sous embargo (...) Je regrette vivement les insuffisances professionnelles de notre analyste.(...) Nous vous prions de bien vouloir accepter nos excuses pour cet incident. »

Pour couronner son acte, ce courageux responsable a préféré faire signer ce document par sa secrétaire, en « P.O. ».

240

Cette lettre, la direction financière de Vivendi Universal jugea alors utile d'en faire la diffusion la plus large possible vers les rédactions de presse, tout en expliquant que mon licenciement du Crédit lyonnais n'était plus qu'une question d'heures ou de jours [1].

1. Voir article de *Challenges*, n° 181, 27 juin 2002.

« Ce courrier constitue donc un avertissement. »

Après une journée de rendez-vous avec des investisseurs, un de mes supérieurs hiérarchiques m'appelle pour me convoquer dans son bureau. Je m'annonce. Fait rare : il me demande de fermer la porte. L'air gêné, il me tend une feuille, signée de sa main. Cette fois-ci, pas de signature par procuration.

« Edouard, c'est juste une formalité. On marque le coup, pour être tous bien bordés par la suite, mais tu n'as aucun souci à te faire. Tu n'as qu'à le contresigner pour bien signifier que je te l'ai remis. Ou alors, on te l'envoie avec recommandé par la Poste, à toi de choisir. »

Allons bon, subitement, la « formalité » devient franchement formelle. Je parcours le document : c'était une sanction disciplinaire !

La Commission des marchés financiers ayant eu connaissance par mon employeur de ce document en juillet 2002 (pour l'obtention de ma carte professionnelle d'analyste), ainsi que la COB en janvier 2003, je me sens autorisé à en publier le contenu. Il vaut tous les discours sur l'indépendance présumée des analystes financiers par rapport aux intérêts commerciaux des banques qui l'emploient.

« Objet : incidents Vivendi.

Monsieur,

A deux reprises et à bref intervalle, vos méthodes de promotion de vos travaux d'analyse financière ont été à l'origine de tensions très vives et dommageables entre notre groupe bancaire et une grande entreprise cotée.

Ce courrier constitue donc un avertissement. Vous devez sans délai (suit une phrase de neuf lignes alignant un catalogue d'exigences aussi précises qu'inatteignables " sans délai ")... Faute de satisfaire à ces exigences, la Direction de CLSE-France se trouvera alors contrainte de prendre les mesures qui s'imposent. »

Dans les sept semaines qui suivirent, le risque de faillite semblait avoir été transféré sur moi. Je ne bougeais plus, ne parlais plus, n'écrivais plus, pris entre l'enclume du Crédit lyonnais et le marteau de Vivendi.

Pour quelles raisons n'ai-je pas été licencié du jour au lendemain ? Il y a une lecture, cynique, qui ressemble peu à la réalité du Crédit lyonnais de Jean Peyrelevade : peut-être parce que le Crédit lyonnais se disait à ce moment-là qu'on ne sait jamais. « Et si ce crétin d'analyste avait raison ? Ça nous ferait une belle place dans la restructuration de la dette du futur Vivendi Universal. On le garde. Mais s'il a tort, tant pis : on l'aura averti. »

L'autre lecture, la mienne, est la suivante. Entre Jean Peyrelevade et les analystes financiers de la petite société de Bourse à laquelle j'appartenais, il y avait au Crédit lyonnais un paquet de maillons si faibles et si influençables. Il n'est pas totalement impossible que tous ces apparatchiks aient été travaillés de près par ce monde grisâtre et interlope d'intermédiaires d'argent, n'hésitant pas à détourner à leur seul profit d'aigrefins l'objet philosophique de certaines solidarités et fraternités au demeurant fort estimables. Peu importent les noms de ces grands et petits trafiquants d'influence : ils ont perdu cette partie-là. Que pouvaient-ils faire contre Jean Peyrelevade ?

Le 3 juillet 2002, Jean-Marie Messier démissionnait de tous ses mandats. Le sauvetage de Vivendi Universal pouvait commencer.

CHAPITRE 10

Le peloton du CAC40

A l'insu de leur plein gré.

Un an après la chute de Jean-Marie Messier et le début du redressement de Vivendi Universal, une autre chute tout aussi spectaculaire se déroula en direct sous les yeux ébahis de millions de téléspectateurs, en France et dans le monde. La chute de l'Espagnol Joseba Beloki.

Nous sommes le 14 juillet 2003. Jour férié pour le peuple français. Mais jour ouvré pour la Bourse et le peloton du Tour de France. La neuvième étape du Tour de France dit « Tour du Centenaire » touche à sa fin. Nous sommes en pleine canicule : le thermomètre affiche 35 degrés (Celsius) en moyenne sur cette étape de haute montagne, qui compte pas moins de 184,5 kilomètres. Les coureurs ont déjà enchaîné quelques sympathiques amuse-gueules : le franchissement du col du Télégraphe (12,1 kilomètres de montée à 6,8 %) ; l'ascension du col du Galibier (18,5 kilomètres de montée à 6,7 %); l'escalade de l'Alpe d'Huez (14,1 kilomètres de montée à 8 %).

Dans le sprint final, le courageux Joseba Beloki tente, dans un *mano a mano* superbe, un *pedalo a pedalo* d'anthologie, de déstabiliser l'intouchable Lance Arsmstrong. Mal lui en prit. Comme le rapportèrent *Les Dernières Nouvelles d'Alsace*, « dans un virage, pas plus dangereux que les autres, sur un goudron fondu, Joseba Beloki a perdu le Tour de France. Sa roue arrière se bloque, le boyau se décolle de la jante, l'Espagnol ne peut contrôler son vélo et chute. Il ne se relève pas. » Alexandre Vinokourov devait remporter cette étape en cinq heures et deux minutes, avec une moyenne de 36,65 kilomètres/heure, apparemment respectueuse des limitations de vitesse en vigueur sur les routes de France.

On ne me croira peut-être pas complètement : l'idée d'écrire ce livre m'est venue en regardant ce Tour de France du Centenaire. Ou, autrement formulé, le Tour de la canicule du siècle.

C'est magique, le Tour de France. Quand j'étais petit et que les vacances d'été étaient longues, il m'arrivait de regarder à la télévision ces exploits surhumains, ces grandes traversées de la France, si verte et si belle en juillet, à coups d'étapes de plusieurs centaines de kilomètres. Les coureurs avaient des noms et des surnoms mythiques, et qui frappent encore les esprits aujourd'hui. Ainsi de Bernard Hinault, que l'on surnomma « le Blaireau » pendant de longues années. Avec le recul, peut-être n'en demandait-il pas tant.

Concentré d'exploits sportifs, de courage, d'héroïsme et de souffrance, le Tour de France était dans mon imaginaire enfantin comme un monument sacré.

Depuis, j'ai grandi. Comme le Tour de France, à l'aune de son chiffre d'affaires commercial et de ses succès d'audience dans le monde entier. Quelques chiffres tirés du site de Amaury Sports Organisation, organisateur du Tour de France, en témoignent.

Le Tour de France draine 3,7 millions de téléspectateurs français par jour pendant 3 semaines devant l'étape en direct, soit 46 % de part d'audience (les arrivées d'étape attirant en moyenne 4,7 millions de téléspectateurs, soit 59 % de part d'audience). Il permet à France 2 de tripler la part d'audience sur toutes ses cibles.

Alors que chaque Français aurait « consommé en moyenne 5 heures de direct du Tour de France en 2002 », l'événement est retransmis en direct dans 146 pays, générant « plus de 2 milliards de contacts TV dans le monde ».

Le Tour de France va de plus en plus vite, aussi.

Qui se souvient que, pour la première édition du Tour de France en 1903, le courageux et moustachu vainqueur du Tour, Maurice Garin, parcourut en plus de 90 heures les 2 428 kilomètres du parcours à la vitesse moyenne de 25,679 km/h ? Et qu'il obtint une récompense de 3 000 FF (450 euros) pour cet exploit ?

Sans doute pas Lance Armstrong qui, un siècle plus tard, terminait un parcours, plus long de 1 000 kilomètres que celui de Maurice Garin, en mettant 7 heures de moins que son illustre prédécesseur. Soit une vitesse moyenne de 41 kilomètres/heure. L'effort devait être payant : la dotation du Tour de France était de 3 millions d'euros, sans compter le sponsoring, multiplicateur de gains pour M. Armstrong (source : letour.fr).

Citius, altius, fortius : depuis l'Antiquité, on n'arrête pas le progrès en matière de performances sportives. Ou financières.

D'autres statistiques sont assez déroutantes, même pour un analyste financier en fonction au moment de la bulle internet, et que plus rien en matière d'aberration chiffrée ne devrait surprendre.

Saviez-vous par exemple qu'en l'an 2000, deux ans après le fameux « Tour de la Honte » qui finit dans le fossé pour, entre autres, un Richard Virenque dopé à l'insu de son plein gré, bref en l'an 2000, qui était vendu comme le « Tour du renouveau » et de la propreté, de vilains empêcheurs de se piquer en rond [1] découvrirent que 45 % des 96 prélèvements urinaires effectués sur le Tour de France avaient révélé la présence de produits dopants.

Pour un « Tour du renouveau », c'était raté. Mais les comités antidopage ne furent pas au bout de leurs surprises, lorsqu'ils constatèrent que 100 % des coureurs dopés... avaient une prescription médicale pour cela ! Il était vital que ces convalescents fébriles se dopent car, pour la majorité d'entre eux, ils étaient... asthmatiques, les pauvres vieux ! C'est bien connu : pour guérir de l'asthme, rien de tel que de pédaler

---

1. Le Conseil français de prévention et de lutte contre le dopage - CPLD.

3 400 kilomètres à 41 km/h de moyenne pendant 20 jours d'affilée, en plein cagnard estival.

Quelques caustiques soulignent d'ailleurs que 8 des 10 derniers Tours de France ont été gagnés par de fragiles pédaleurs asthmatiques, bourrés de Ventoline.

A moins d'imaginer que les 15 millions de téléspectateurs du Tour de France (source : AMO) soient analphabètes ou dopés au dernier degré, une évidence s'impose : personne n'est dupe sur l'origine et les combustibles de la performance sportive du Tour. Mais cela n'entame pas son succès d'audience, bien au contraire.

Le dopage, ça plaît. Il faut naturellement s'accommoder de ces morts prématurés, ces super-athlètes à peine trentenaires fauchés par des maladies bizarroïdes, tel Marco Pantani en 2003. Mais le public en veut pour son argent et son temps de télévision. Son chagrin et ses regrets éternels ne durent que le temps d'un journal de 20 heures. En attendant les prochains morts, pour que la Grande Boucle vive, prière de la boucler.

En juillet 2003, en regardant quelques images de la 90e édition du Tour de France, je pensais à tous ces groupes cotés en Bourse, à qui les analystes, dont je fus, demandent de « surperformer » toute l'année, et de passer la ligne d'arrivée des résultats et chiffre d'affaires trimestriels, logiquement quatre fois par an.

Et si nous en étions arrivés là ? Et si tous les excès et désastres financiers de la période récente se résumaient finalement en un seul mot : dopage ?

L'affaire est plus sérieuse qu'il n'y paraît. Six années d'analyse financière, à côtoyer d'une part des investisseurs aux exigences toujours plus fortes et plus irréalistes, et d'autre part des entreprises en mutation à très grande vitesse, en surperformance accélérée, m'ont convaincu qu'une part significative des déséquilibres des marchés financiers se résumait à un problème de dopage.

Je ne veux pas parler du dopage des gens de marché. Le sujet est secondaire et déjà largement éventé : comme dans la plupart des milieux professionnels intellectuels et exigeants à l'excès, tout le monde ne se shoote pas à la cocaïne, loin de là, mais elle n'est pas totalement absente des étages de la création de valeur. Comment pourrait-il en être autrement dans des métiers où l'on vous demande d'être créatif, agressif, bon pied bon œil 24 heures à peu près sur 24 ?

C'est du dopage des entreprises cotées qu'il est ici question. Prenons les entreprises cotées du CAC40 – mais on aurait aussi bien pu prendre les entreprises de l'Eurostoxx 50, le FTSE 100, le S&P 500 et les autres grands indices boursiers.

Dans le peloton du CAC40, les 40 coureurs sont priés de faire la course en tête pendant les 250 journées de Bourse que compte une année. Et c'est quatre fois dans l'année que ces entreprises doivent franchir, en bonne santé et le sourire aux lèvres pour les photographes, la ligne d'arrivée de résultats désormais trimestriels.

Le jeu en vaut cependant la chandelle : le maillot jaune est celui de la surperformance. Si vous avez enfoncé les records de productivité, mis des kilomètres de marge opérationnelle à vos suivants, explosé tous les compteurs de la création de valeur, alors vous serez digne de figurer dans les *Recommended Lists* de Futility et de ses courtiers affidés. C'est alors et alors seulement que les gérants de SICAV et de fonds de pension du monde entier s'intéresseront à vous, et feront déverser des tombereaux d'or, des pluies d'ordres d'achat sur votre entreprise, qui aura su les séduire. A vous les stock-options exercées 10 fois leur prix d'achat. A vous la gloire, la fortune et la renommée : vous êtes le primum inter pares. Le Maillot Jaune de la Bourse. La Pédale d'Or de l'argent.

Mais la surperformance a un coût. Les marchés financiers ne demandent pas aux entreprises cotées de faire des bénéfices : c'est juste le ticket d'entrée pour exister. Les marchés ne demandent pas non plus aux entreprises d'augmenter ces bénéfices d'année en année, cela va de soi : qu'il pleuve, qu'il neige, qu'il vente, que l'économie s'effondre ou pas, Futility veut de la croissance de résultats en mode accéléré. Non, ce que les marchés financiers veulent vraiment, c'est de l'exploit, du neuf, de la surprise au quotidien, et toujours dans le bon sens.

J'ai ainsi pu observer l'existence d'une règle non écrite qui veut qu'une entreprise qui délivre les résultats attendus par le marché, ni plus ni moins, est immanquablement sanctionnée en Bourse le jour même. Les notes de brokers se résument normalement ainsi, dans un tel cas de figure : « Résultats en ligne, conformément à nos attentes. La Société ne relève pas ses prévisions pour le prochain trimestre. L'objectif de cours est atteint. Il n'y a donc plus de potentiel de hausse sur le titre. Nous le dégradons. Vendez tout. »

C'est la logique du momentum. Il faut sans cesse nourrir la Bête de *newsflow*, de nouvelles forcément positives. Il faut, pour les entreprises, sans cesse tout donner... et en garder sous le pied. Dans le peloton du CAC40, dès que vous vous arrêtez de pédaler, vous tombez.

M&A en vente libre

Alors, pour pédaler sans cesse, « surperformer » matin, midi et soir, les entreprises ont-elles un autre choix raisonnable que de se doper ? Tentons une revue de détail de l'art du dopage dans les pelotons du CAC40 de l'Eurostoxx 50 et du S&P 500.

Le produit dopant le plus efficace pour la surperformance boursière, celui qui a été le plus utilisé dans les années 1990-2000, celui qui connut le plus grand succès auprès des entreprises cotées, et donc celui qui a fait le plus de ravages et détruit ou dénaturé un grand nombre de ces organismes vivants que sont les entreprises, bref, l'EPO des marchés financiers a un nom : il s'appelle M&A.

Le M&A fond dans la bouche de votre banquier, jamais dans votre main : il s'agit des *Mergers & Acquisitions*. Les fusions et acquisitions. Et, par extension, les cessions et tout autres travaux associés, dits de « haut de bilan », qui font grandir, grossir, diversifier ou au contraire recentrer les entreprises.

Le M&A est un dopant particulièrement populaire, car c'est le seul produit en vente libre sur le marché qui peut modeler ou repousser à l'infini les limites physiques, économiques et financières de l'entreprise. Et sans conséquences graves immédiatement visibles sur l'organisme.

Votre cours de Bourse se traîne ? Les analystes et les journalistes bâillent pendant vos présentations ? On ne parle jamais de vous dans les journaux en pages saumon ? Et si vous vous preniez un petit coup de M&A ? Vous allez donc chez votre dealer de M&A, plus connu sous le nom de banquier d'affaires. Il s'habille bien, parle bien et présente bien. Il est brillant, mais ne vous fera jamais d'ombre : il travaille tout le temps, de jour comme de nuit. Il est un peu cher, mais tellement efficace : c'est lui qui va vous trouver le « deal de votre vie », le partenaire idéal qui va vous aider à devenir aussi gros que votre concurrent, si ce n'est plus.

Pour se procurer du M&A, une armada de professionnels va se mettre à votre seul service, 24 heures sur 24 : banquiers, avocats, experts dans votre industrie, consultants en tous genres. Tous ces professionnels aguerris, appelons-les de façon générique mais pas sarcastique les marchands du Palais Brongniart, vont se mettre en quatre pour vous procurer votre M&A.

Une opération de M&A coûte cher à l'entreprise : les commissions agrégées de tous les marchands du Palais Brongniart peuvent représenter jusqu'à 2 % de la valeur totale de l'opération. Sur cette hypothèse, pour une entreprise valorisée 1 milliard d'euros en Bourse et réalisant 50 millions d'euros de résultat annuel, l'acquisition d'une entreprise deux fois plus petite (valorisée 500 millions d'euros en Bourse) lui coûtera, uniquement en frais d'intermédiaires, environ 10 millions d'euros. Soit un cinquième de ses bénéfices ! 10 semaines d'activité de ses clients, salariés et fournisseurs !

L'astuce consiste à ce que cela ne se voie jamais. A charge pour le dirigeant d'entreprise d'annoncer une opération tellement spectaculaire, et tellement porteuse d'espérances de profits futurs, que les commissions des marchands du Palais Brongniart seront rapidement diluées et ventilées dans vos comptes. On peut le faire d'autant plus facilement lorsque le manager n'est pas propriétaire de son entreprise : les actionnaires minoritaires seront toujours là pour payer l'addition. Cette dernière peut être assez lourde au final : pour la seule année 2004, le marché français des fusions-acquisitions représentait 157 milliards d'euros de transactions (source : Dealogic) : plus de 1 000 milliards de francs. Au plan mondial, ce marché s'élevait en 2004 à 2 000 milliards de dollars de transactions. En estimant à 2 % la commission moyenne, amalgamant les services de banques d'affaires et de conseils divers, cela fait tout de même un gâteau de 40 milliards de dollars à se partager chaque année entre *happy few*. A ces niveaux-là, presque tous les moyens sont bons pour arriver à la fin de ce gâteau-là, en s'arrogeant les plus grosses parts.

L'âpreté commerciale de ces professions n'a donc d'égale que les très hauts niveaux de compétences des ressources humaines employées.

Il faut dire que le dopant M&A a toutes les qualités requises : il vous rend plus grand, plus fort, plus riche, il ne vous coûte rien (ce sont les actionnaires qui payent), il est invisible. Si vous en prenez abondamment, vous finirez bien par devenir le maître ou le roi du monde. Cerise sur le gâteau : c'est, en plus, exactement ce que Futility et la Golden Bear Asset Management attendaient de vous.

En effet, vous voilà à la tête d'un empire tellement gros que vous rejoignez très vite les plus grands indices boursiers. Vous vous inscrivez enfin sur le radar des Futility. Par ailleurs, la démultiplication soudaine de votre taille a élargi votre capitalisation boursière et le nombre de vos actionnaires publics : vous avez un « flottant » énorme. Si d'aventure vous aviez hier un actionnaire de référence, ça y est, vous l'avez dilué. Peut-être était-ce l'Etat, ou une famille, ou une banque. Peu importe ; il vous pourrissait la vie en vous demandant des comptes. Avec votre dope M&A, vous avez vaporisé, ventilé, pulvérisé façon puzzle votre actionnaire de référence. Vous n'avez plus en face de vous que des dizaines de John Benchmark employés dans tous les Futility de la planète. Ils vous adorent parce que vous êtes gros dans les indices, que vous avez produit de la surprise, du *newsflow*. La fête est belle. Ils vous demandent donc, très naturellement : à quand le prochain deal ? A quand le prochain rail ?

L'euphorie vous gagne, et cela se voit. Vous passez de moins en moins de temps au bureau, de plus en plus de temps dans les voyages, les sorties, les colonnes des journaux.

Mais le monde du dopage et du M&A est bien organisé. Un bon dopage nécessite un excellent maquil-
lage. L'artifice doit être indécelable, sinon cela peut
coûter très cher. A l'image des quelques coureurs du
Tour de la Honte de 1998, pris la main dans le pot
belge, vous seriez priés de quitter la piste. On pourrait
même vous envoyer en prison.

Pour vous éviter ce destin fâcheux, qui signifierait
par ailleurs pour eux des pertes significatives de revenus et primes de fins d'année, vos nouveaux amis marchands du Palais Brongniart viennent vous voir avec
toute une panoplie de gadgets et potions magiques, qui
feront que personne ne s'inquiétera.

Votre bilan commence à s'alourdir avec toutes les
dettes nécessaires à financer votre boulimie ? Pas de
problème, un coup de hors-bilan, et tout est réglé. Il
suffisait d'y penser : transformer ses dettes en engagements optionnels à long terme, de termes suffisamment longs et optionnels pour qu'ils n'apparaissent
plus au bilan.

Vous commencez de vous enrichir de façon trop
visible aux yeux de vos salariés et du fisc ? Faites donc
appel à la succursale de Futility Caymans. Les paradis
fiscaux, ce n'est pas pour les chiens.

Votre résultat net s'effondre, vous allez générer des
pertes de plusieurs milliards d'euros ? Comment faire
pour que les gens continuent de vous croire jusqu'à
votre prochaine acquisition ? Il suffit de changer de
thermomètre. C'est ainsi que l'EBITDA est devenu à
la fin des années 1990 l'alpha et l'oméga de la mesure
de performance financière pour les entreprises cotées,
d'abord aux Etats-Unis puis en Europe.

L'EBITDA (*Earnings Before Tax, Depreciation and Amortisation*) se traduit en français par l'Excédent Brut d'Exploitation.

C'est un résultat assez intéressant, puisqu'il ne prend pas en compte tout l'argent que l'entreprise verse chaque année à son banquier ou au fisc. Il ne prend pas non plus en compte la dépréciation des « survaleurs ». C'est un peu plus compliqué. Pour faire simple, si jamais il s'avérait à l'usage que l'entreprise que vous venez d'acheter pour une valeur de 100 n'en vaut en fait que 60, alors vous enregistrez une survaleur, correspondant à l'argent que vous avez dépensé inutilement, de 40. Vous devrez afficher chaque année dans vos comptes une marque de cette bêtise, sous la forme d'un amortissement de survaleur, ce qui est toujours un peu désagréable, car il vient amputer votre résultat final. Heureusement, EBITDA est là ! L'EBITDA ne montre rien de vos erreurs passées, il n'affiche que la progression artificielle de votre activité, qui ne doit rien à la performance économique, réelle de votre entreprise, et tout à vos marchands du Palais Brongniart.

C'est ainsi qu'en concentrant l'essentiel sinon la totalité de leur communication financière sur l'EBITDA, et non pas sur le « vrai » résultat, qui est le résultat net ou l'excédent de cash flows, les entreprises les plus boulimiques, les plus imprudentes et les plus mal gérées du CAC40 ont pu longtemps afficher, trimestre après trimestre, de belles surperformances financières.

Elles pouvaient commencer à sombrer dans le cercle vicieux de la dope au M&A qui a fait la fortune des marchands du Palais Brongniart entre 1998 et 2002, et le malheur d'à peu près toutes les autres catégories de la population : plus les entreprises faisaient d'acquisitions inodores et incolores, en planquant tous les coûts sous le tapis de l'EBITDA, plus leur valeur grimpait en Bourse, plus, avec des multiples élevés de valorisation, elles pouvaient faire de nouvelles acquisitions, et ainsi de suite.

Ce petit jeu du dopage au M&A peut durer très longtemps. Surtout si les auditeurs, commissaires aux comptes, banquiers et avocats d'affaires, conseils en stratégie et en communication, sacrifient l'intérêt durable et toujours plus lointain de leurs toujours plus nombreux clients, les entreprises, à leur intérêt immédiat, sonnant et trébuchant : leurs propres comptes de résultats. Or, pour ces professions-là aussi, les relevés de compteurs sont de plus en plus fréquents, encourageant des approches au moins aussi court-termistes que celles de leurs mandants. Il a ainsi pu arriver dans le passé que certains auditeurs privilégient l'ardeur commerciale à la rigueur comptable, tandis que certains banquiers et avocats d'affaires favorisaient l'immédiateté de leurs *success fees* et notes d'honoraires sur la durée de vie de leurs clients, et que les conseils en communication favorisent l'impression sur l'information financière, etc. Cette somme de petites abdications, pas si graves en elles-mêmes et, prises séparément, économiquement légitimes, aboutit à des additions toujours plus lourdes.

Jusqu'au jour où il faut passer à la caisse, au propre comme au figuré : à un moment on n'a plus de sous pour payer sa facture d'électricité. Pour faire chic, on parle de *cash drain*, d'accident de trésorerie, de murs de liquidités. En français, cela se traduit par : plus de sous à la banque, et cessation de paiement à l'horizon. Ce n'est pas avec des communiqués de presse et des présentations en couleur que l'on paye ses factures, mais avec du vrai argent.

La suite de l'histoire est connue. Les groupes dopés au M&A pendant la bulle financière ont tous subi des cures de désintoxication : faillites pour les uns, redressement judiciaire pour les autres. Restructurations, licenciements, cessions et fermetures de sociétés pour tous. On n'est plus dans le frémissement ludique des salles de marché. Mais dans la vraie vie des gens.

La vie d'hommes et de femmes jetés sur le carreau, non pas parce qu'ils avaient mal fait leur travail, mais parce qu'une petite coterie d'irresponsables en costumes rayés avaient surdosés leurs rails de M&A.

On soulignera que les mêmes marchands du Palais Brongniart qui se sont enrichis pendant la bulle ont continué de s'enrichir pendant cette crise, qu'à défaut d'initier, ils facilitèrent largement. C'est en effet à ces mêmes personnes que les entreprises durent faire appel pour réaliser ces opérations compliquées de *downsizing*, cessions, retraits de la Bourse, etc.

Il n'y a pas de sots métiers. Il y a juste des métiers plus intelligents que d'autres.

Irresponsable mais pas coupable

Comment rester conscient des risques et garder le sens des responsabilités, après avoir goûté à de si puissants philtres? Comment y résister, dans un tel environnement? Il faudrait être un peu maso, un peu stupide ou les deux à la fois pour refuser de jouer une telle partie.

Car la pression des marchés est forte sur les entreprises et les épaules de leurs dirigeants salariés, et pourrait légitimer toutes sortes de dopage. Mais d'où vient-elle, cette pression des marchés, sinon de nous-mêmes? Qui d'autre que les 6 à 7 millions de téléspectateurs estivaux du Tour de France ont poussé Richard Virenque et les autres à se doper? Qui d'autre que les épargnants et leurs intermédiaires financiers – gérants de fonds, courtiers, analystes – réclament dans le même souffle « 15 % de retour sur fonds propres par an », sans prise de risque sur leurs finances personnelles?

Dans *Les Frères Karamazov*, Dostoïevski fait dire à Ivan, qui n'était pourtant pas le meurtrier de son père : « Nous sommes responsables de tous et de tout, et moi avant tous les autres. »

Enfin, nous l'avons attrapé, le vrai « coupable »!

Cet être irresponsable et dangereux, qui demande tout et son contraire aux entreprises, ces communautés d'hommes et de femmes qui font vivre nos territoires en subventionnant nos Etats, nos administrations.

Ce type inconstant, réclamant de la surperformance économique le matin et de la sécurité financière l'après-midi, du travail pour tous dans ses discours et bulletins de vote, et du dégraissage à plein tube dans les entreprises dont il possède des actions.

Ce corrupteur qui arrose les intermédiaires et investisseurs institutionnels avec son argent, pour que ces derniers s'en rétrocèdent la plus grande part, dans ce circuit fermé de l'intermédiation financière.

Ce grand inconscient qui ne supporte pas de prendre des risques, de perdre de l'argent sur un mauvais placement, et qui hurle au scandale quand son retour sur investissement est inférieur au benchmark.

Bref, cet irresponsable qui met en péril les grands équilibres environnementaux, économiques et sociaux de notre pauvre planète.

Cette personne-là, ce n'est ni Analysator, ni le patron d'une World Company quelconque, ni John Benchmark Junior, Senior, et tous ceux qui le suivront.

Cette personne à mettre rapidement hors d'état de nuire, c'est vous. C'est lui. C'est moi. C'est chacun d'entre nous qui en veut toujours plus pour son argent, qu'il épargne et qu'il place.

Car, même si je les ai un peu étrillés tout au long de ces pages à cause de leur faiblesse complice mais pas coupable, les investisseurs et les marchands du Palais Brongniart ne sont pas nés irresponsables, et, en général, ont été plutôt formés et formatés pour assumer des responsabilités.

Mais si leurs mandants, ceux qui les font vivre, leur demandent de doper les performances de leurs portefeuilles boursiers, obligeant donc les entreprises à sur-performer, ont-ils un autre choix que de prendre souvent leurs pertes, parfois leurs profits et bonus, mais rarement leurs responsabilités ?

La pression des marchés n'est rien d'autre que la somme de nos exigences contradictoires et inatteignables pour notre propre argent.

Ce n'est pas Futility qui a inventé les benchmarks tout seul. Ce n'est pas Futility qui s'amuse de son propre chef à zapper d'une entreprise à une autre tous les six ou sept mois. Ce n'est même pas Futility qui exige 15 % de retour sur fonds propres, à risque zéro : c'est nous !

La boucle est bouclée, et le paradoxe infernal. Dans la vie réelle, les agents économiques ne cessent de se plaindre, souvent à juste titre, de la pression parfois inhumaine qui s'exerce sur eux, pour atteindre leurs objectifs de productivité, de création de valeur, de résultats au-delà des attentes du marché. Or, s'il nous paraît impossible de nous soustraire à cette pression, n'est-ce pas justement parce qu'elle vient de nous-mêmes ?

Voilà une belle référence circulaire, sur laquelle on pourrait méditer un peu.

Folie financière et raison économique

En écrivant ce livre, j'ai demandé à quelques dirigeants d'entreprises de me donner des exemples de cette pression infernale des marchés, à laquelle ils n'ont pu se soustraire, et qui a coûté très cher à leurs entreprises et leurs salariés. Et parfois à eux-mêmes.

Je pense à cet armateur français réputé, qui appartenait à un groupe leader mondial du transport maritime. Parce que les marchés lui demandèrent subitement de générer plus de cash, de faire plus de dividendes, il s'était engagé en début d'année à maintenir inchangé le niveau de ses investissements. Manque de chance, au troisième trimestre de la même année, le marché du transport maritime commence à donner des signes de reprise forte. Un marchand de bateaux arrive, pressé par une apparente urgence financière, et lui propose de lui vendre quatre de ses bateaux pour un prix de 100. L'armateur fait ses calculs : s'il les achète, il dépasse le niveau maximum d'investissements sur lequel il s'était engagé face aux marchés. Sous cette contrainte de marchés financiers, il est obligé de décliner la proposition, et n'en achète que deux, mais à un prix moins intéressant, de 60. Un an après, le marché du maritime est reparti tellement vite à la hausse qu'il doit, dans l'urgence, acheter deux bateaux supplémentaires. Il va revoir son marchand. Entre-temps, les prix de ces bateaux avaient augmenté de 40 %. Il acheta donc ces deux bateaux supplémentaires pour 70. Coût total de l'opération : 130, alors qu'il pouvait avoir les 4 bateaux pour 100. Résultat des courses : les analystes financiers ont applaudi des deux mains ce surcoût de 30 %. La création de valeur aura coûté très cher à cet armateur.

Je pense à ce dirigeant d'un groupe de presse, à la fin 1999. Les analystes qui suivaient le groupe auquel il appartenait stigmatisaient ses choix de gestion. Cet industriel chevronné refusait de vendre ses imprimeries, et passait une grande partie de son temps à essayer d'améliorer les circuits alors vétustes, et aujourd'hui totalement dépassés, de l'impression et de la distribution de la presse en France. Les analystes se contrefichaient éperdument de ces systèmes de distribution surannés, datant de l'immédiat après-guerre. Ce qu'ils voulaient, c'était que ce groupe mette au plus vite tous ses contenus de presse en ligne, et gratuitement.

Là résidait en effet la création de valeur pour le marché. L'argent qui rentrait dans les caisses de ce groupe, à travers les abonnements, la publicité, la vente de presse au numéro, n'intéressait plus personne. Seul comptait le nombre de clics enregistrés sur les sites web des titres de ce groupe. Plus le nombre de clics, ou de pages lues, était élevé, plus les analystes conféraient une valeur importante au cours de Bourse. Ce n'est que deux ans plus tard que ce groupe de presse, comme beaucoup d'autres, se rendit compte de l'ampleur du désastre : la vraie valeur, la valeur économique de ce groupe était jetée par la fenêtre de ces sites web gratuits, légalement pillés par des internautes de plus en plus nombreux avec le développement, notamment, de l'ADSL. Entre-temps, la mesure de la fausse valeur, la valeur boursière, avait changé. Elle n'était plus dans le nombre de clics, non seulement parce qu'un clic sur une souris d'ordinateur ne rapporte pas un centime à un groupe de presse, mais en plus parce qu'on découvrit que de véritables « machines à clic », en Asie (au Pakistan et en Inde, notamment), faisaient artificiellement gonfler le trafic internet sur ces sites !

Plus proche dans le temps, je pense à la nouvelle obsession des marchés financiers : rendre le cash aux actionnaires. Des groupes comme Microsoft ont récemment donné le *la* : distribution de dividendes exceptionnels. Pour d'autres, il s'agit de réduire le capital de l'entreprise, en rachetant un grand nombre d'actions pour les annuler. Ce faisant, le montant des bénéfices distribués à chaque actionnaire augmente instantanément, tout comme le cours de Bourse. On constatera dans quelques années, sinon quelques trimestres, que ces décisions ont donné le pire des signaux d'alerte aux épargnants. Les entreprises cotées s'abandonnant à cette mode ne s'y prendraient pas autrement pour clamer qu'elles n'ont plus de perspectives de croissance ou de projets de croissance suffisamment intéressants à proposer aux investisseurs.

Affirmer aux investisseurs : « nous avons gagné tellement d'argent que nous ne savons plus quoi en faire, alors nous vous le rendons », cela frise le suicidaire, financièrement parlant. Sans aller jusque-là, dire aux épargnants : « merci d'avoir investi chez nous, mais vous seriez aussi bien avec un livret de caisse d'épargne », c'est un signal clair et sans appel que les marchés actions sont surinvestis, tout au moins pour un temps.

On pourrait multiplier les exemples à l'infini de toutes les erreurs économiques, de tous les appauvrissements engendrés par la vision strictement boursière, court-termiste des marchés financiers.

267

Est-ce que cela peut changer ? Tant que les épargnants n'auront pas pris la mesure de leurs responsabilités, en abdiquant leurs rêves de plus-values à court terme, sans risque, contre un projet d'investissement et d'accompagnement durable des entreprises, je ne le crois pas.

Les trains qui arrivent à l'heure n'intéressent personne. Le milieu du peloton non plus. Pourtant, c'est peut-être là qu'est la vraie valeur, là que résident les valeurs durables et structurantes de la performance, sportive ou financière.

Les entreprises qui font peu parler d'elles dans les salles de marché, parce qu'elles ne recherchent pas la surperformance à tout prix ou les paillettes fugaces de la renommée, sont souvent celles qui se concentrent le plus sur leurs métiers, leurs clients, leurs fonds de commerce.

L'objectif pour ces entreprises-là n'est pas de trafiquer l'EBITDA à la hausse de 20 % tous les trimestres, et d'entretenir un marketing financier à coups de roadshows, slideshows, one-on-ones, interviews sans fin. Leur objectif est bien de fortifier jour après jour, année après année, les parts de marché, les marges, la relation clients, la qualité du service ou du produit, et sa dissémination. C'est ainsi que se fabriquent des empires et des prospérités durables, et pas autrement.

A l'escroquerie de la création de valeur, on préférera la réalité de la création de richesses.

Les marchés financiers sont-ils prêts à entendre ce message-là ? A reconnaître que les impératifs de cosmétique financière qu'ils assignent actuellement aux entreprises sont contraires aux intérêts de ces entreprises en particulier, et de l'économie en général ?

Les chefs d'entreprises cotées ont-ils encore la liberté d'esprit, de parole et d'action, pour renverser cette hiérarchie des priorités ?

C'est à eux aussi de répondre. Ils n'ont finalement que trois attitudes possibles à adopter, face à cet environnement si absurde.

La première attitude est celle des trafiquants. « Puisque le marché financier nous demande de jouer ce jeu-là, jouons-le à fond, et gagnons. » ENRON fut la figure totémique de ce comportement. Il y en aura d'autres.

La deuxième attitude est de faire le dos rond, ou d'essayer de jouer au plus malin avec les marchés. « Faisons avec la bêtise des marchés, de toute façon nous n'avons pas le choix, mais essayons de limiter la casse. Ou faisons semblant d'être à la mode, en attendant qu'elle change. » Il faut être virtuose, et dîner à la table des marchés financiers avec une très longue cuiller pour en sortir indemne. Le risque est grand de se prendre au jeu, de goûter aux délices et aux poisons du dopage et de faire la course en tête en se disant de jour en jour : « demain, je m'arrête ». En attendant le *game over* de la sortie de route pour les cyclistes, et de la faillite pour les entreprises.

La troisième attitude est celle que l'on pourrait préconiser aux dirigeants d'entreprises cotées aujourd'hui. Il s'agit de résister. De tenir son cap. De remettre l'investisseur financier à sa place : il n'est qu'une des composantes, très imparfaite, de la prospérité durable des entreprises. Bien avant ce zappeur, la condition de la prospérité économique d'une entreprise passe par le client, le salarié et les territoires sur lesquels opère l'entreprise.

Ne pas subir. Plus facile à dire qu'à faire, sans doute. Pour les entreprises qui auraient ce choix, notamment les entreprises de taille dite moyenne (moins d'un milliard d'euros de capitalisation boursière), complètement délaissées en termes de suivi par les investisseurs et les analystes, et donc très souvent sous-évaluées, il n'est pas idiot de songer à se retirer du marché, en attendant qu'il corrige ses dysfonctionnements actuels.

Pour les autres, le conseil le plus sage serait de les inviter à passer le moins de temps et d'énergie possible avec ces intermédiaires financiers, et de ne regarder leur cours de Bourse qu'une fois par semaine, par exemple le dimanche.

Et de faire le pari à plus ou moins long terme que les marchés financiers ne deviendront à l'économie réelle rien d'autre qu'un chien au bout de la laisse de son maître. Pendant que le maître va à son rythme dans la direction qu'il s'est choisie, le chien peut aboyer, gesticuler, mordre un passant, voire son propre maître. Peu importe, ce n'est pas lui qui décide. Avec le temps, le maître finira bien par domestiquer ce chien-là. Même s'il semble, à l'aune de ses derniers exploits, tenir plus du pitt-bull que du basset.

ÉPILOGUE

Les années ont passé. La bulle internet, le krach, toute cette folie financière semble s'éloigner de nous. Elle ne sera bientôt plus qu'un lointain souvenir, un moment d'exception. Un *blip* sur les écrans, comme la mode franglaise voudrait que l'on dise, désormais.

Je crois que ce serait une vraie erreur. D'analyse. Les mêmes causes produisent les mêmes effets. Or aujourd'hui, rien n'a changé dans le registre de la quête effrénée de plus-value financière à ultra-court terme. Le zapping écervelé des opérateurs de marché n'a pas faibli, bien au contraire. L'obligation imbécile faite aux entreprises cotées de publier des résultats tous les trimestres va continuer d'alimenter cette volatilité des investisseurs et la tentation du dopage permanent. A quand les publications de résultats mensuels, hebdomadaires? Quotidiens? A quand les journées de Bourse continues? Pourquoi, au fond, devrait-il y avoir un départ et une arrivée dans ce peloton du CAC40? Voilà une belle perspective pour la création de valeur : des entreprises humaines à bout de souffle, et qui ne s'arrêteraient jamais de pédaler.

271

Conclure sur Sisyphe serait un peu désespérant.

Et si l'on faisait tout simplement l'impasse sur la conclusion ?

L'époque a moins besoin de conclusions définitives et verticales, que de tentatives de médiation pour rendre intelligibles des environnements aux apparences toujours plus complexes. Les médecins de Monsieur Molière, aux verbiages aussi doctes qu'incompréhensibles, ont sérieusement réinvesti les devants de la scène, ces temps-ci.

Il se trouve que j'ai eu la chance, ces six dernières années, de pénétrer les coulisses de ce fabuleux théâtre de la finance. Le rôle d'analyste financier qui était le mien était un rôle double : je croyais être simple observateur de cette machinerie un peu folle ; j'en devins l'un des ouvriers.

On me fera évidemment le reproche de cracher dans cette si bonne soupe des marchés financiers, que j'ai quittés pour conseiller des dirigeants d'entreprises françaises sur leur stratégie et leur communication. Il y a fort à parier que je serai brocardé par certains de mes anciens coreligionnaires. Tant pis. Je préfère prendre ce risque personnel-là plutôt que de garder le silence d'un initié de la finance qui accumulerait bonus et plus-values boursières et laisserait délibérément perdurer des dysfonctionnements majeurs, à terme très dangereux pour nos économies réelles. Et donc nos entourages les plus proches.

Tout est vrai dans ce récit, à part les surnoms des Futility, Golden Bear, John Benchmark, Augustin Brongniart, Gremlins, Silver Bull et autre Analysator. Ces personnes physiques et morales existent bel et bien, parfois de façon composite. Il ne s'agissait pas de stigmatiser des caractères et des institutions nécessairement imparfaits, mais bien de raconter comment ce théâtre de gens si savants au-dehors est en fait construit sur du sable. Le sable mouvant des fantasmes et des incohérences humaines.

Cela étant posé, et maintenant que la conclusion est enterrée dans cet humus-là, tentons d'achever définitivement ce livre avec trois ultimes réflexions.

Première réflexion : l'analyse financière est un métier formidable et irremplaçable. Je l'ai exercé avec bonheur et fierté. Il y a beaucoup d'analogies entre ce métier et celui de journaliste. Le terrible Gremlins du Crédit lyonnais m'en fit le reproche, après les diverses notes sur Vivendi Universal : « Ce ne sont pas des notes d'analyse financière, mais des articles de presse ! » En croyant ainsi m'insulter, il m'adressait un compliment.

Les journalistes et les analystes ont des missions effectivement cousines. A eux de rendre compte, dans un langage clair et non pas d'initiés, de réalités complexes, parfois volontairement déformées ou partielles, en utilisant pour seules armes leur jugement, leurs plumes et calculettes, et surtout, surtout, leur liberté d'investigation, d'expression et d'opinion.

La mode sécuritaire de notre temps semble vouloir entraver cette liberté, entre des directives européennes dangereuses (cf. la directive sur les abus de marché), des perquisitions sportives de titres de presse faisant trop bien leur travail, et la prolifération d'officines de communication sur la place de Paris, distribuant road-shows, interviews et exclusivités comme autant de bons points aux journalistes et analystes les plus respectueux de l'ordre établi. Or, sans cette liberté, comment pourrait-on empêcher des systèmes aussi fermés et sophistiqués que les marchés financiers de tourner en rond ?

Dans *Notre jeunesse*, Charles Péguy soutient qu'« il y a des ordres apparents qui sont les pires désordres ». Les plus grands désordres surviennent effectivement lorsque s'éclipse l'esprit de liberté, d'indépendance et de contradiction. Ainsi de la grande crise financière des années 2000, qui ne fut rien d'autre que le produit d'un système consensuel et verrouillé de l'intérieur, bardé de références circulaires et tournant à vide.

Dans le monde de la finance, l'antienne voudrait que « le marché ait toujours raison ». Je crois exactement l'inverse : le marché a toujours tort, c'est d'ailleurs sa raison d'être. Le marché, c'est-à-dire toutes ses composantes, vous, moi, eux, le marché passe son temps à avoir tort. A corriger ses erreurs et ses dysfonctionnements. A passer du pessimisme le plus noir à l'optimisme le plus débridé. A sous-valoriser avant de surévaluer.

Le marché est un substrat de la communauté des hommes. Or, cette communauté passe, elle aussi, son temps à dire, écrire, faire des erreurs, parfois des fautes. Avant de les corriger pour mieux recommencer.

Cette réalité ne peut pas exonérer les analystes, les journalistes, l'ensemble des observateurs comme des acteurs de ce grand théâtre, d'un vrai devoir de responsabilité. Il peut arriver dans ces métiers que l'on écrive des bêtises, et que l'on commette des erreurs. Les conséquences sur les personnes, les entreprises et la vie économique réelle peuvent alors être désastreuses.

Mais ce risque-là, le risque de la liberté et du désordre, est-il un risque si majeur qu'il faille l'éviter à tout prix ? Le formol du principe de précaution, l'étouffoir des faux consensus et des vrais conformismes ne sont-ils pas des remèdes bien pires ?

Deuxième réflexion : tout n'est pas mauvais dans les marchés financiers aujourd'hui ! Les riches « marchands du Palais Brongniart », les investisseurs et les divers intermédiaires financiers ne sont pas tous des zappeurs cocaïnomanes, ou des esclaves du court-termisme des marchés. Je connais des banquiers d'affaires qui savent accompagner leurs clients dans la durée, et qui n'hésitent pas à leur déconseiller certaines opérations de M&A. Je connais des avocats qui ont ce même souci de protection des intérêts durables de leurs clients. Je connais des auditeurs et des commissaires aux comptes qui savent mettre en veilleuse leur zèle commercial immédiat, pour éviter à leurs clients de finir comme ENRON ou Parmalat. Je connais des conseillers en communication honnêtes, des analystes rigoureux, des courtiers sérieux, des investisseurs patients. Pas d'amalgame : l'envie de durer, le souci de réputation, l'obligation de déontologie ne sont pas totalement absents de ces professions, qui sont des rouages incontournables du système financier actuel.

Tout n'est pas mauvais dans les marchés financiers actuels, et loin de là. Ainsi, entre 2000 et 2002, nous avons connu un krach larvé d'une ampleur bien plus forte que celui de 1929. Et pourtant, au grand dam des prophètes de malheur, nous n'avons pas connu de Grande Dépression comme dans les années 1930, prélude à la guerre mondiale. On peut se réjouir de la formidable capacité d'absorption des marchés financiers, qui ont tout de même digéré les chocs à répétition de la bulle internet, du 11 septembre et de l'invasion de l'Irak. Et, autant les marchés actions ont totalement lâché les pédales dans ces années-là, autant les marchés de dette se sont spectaculairement bien comportés, empêchant l'occurrence d'une crise de liquidités. Notamment grâce à des taux d'intérêt très bas et à diverses techniques de dilution des risques. On doit espérer que, grâce à ces progrès-là, nous saurons désamorcer à temps les bombes à retardement de la bulle immobilière et des hedge funds. Ou que nous saurons en amortir les effets les plus nocifs.

En même temps, et ce sera la troisième et dernière réflexion : c'est quand même un sacré bazar, la finance des marchés. Ses aspects les plus absurdes sont souvent d'un comique avéré. Ils peuvent aussi être tragiques.

Parce qu'il n'est pas question d'instrumentaliser une réalité aussi grave que la grande pauvreté, les « maillons faibles » de nos sociétés ont été les grands absents de cette comédie humaine. Non pas les épargnants et les petits porteurs d'actions, qui auront découvert dans

276

ces quelques pages comment précisément leur argent est utilisé et recyclé dans la grande machinerie des marchés financiers. Mais bien ceux qui n'ont tout simplement pas de quoi épargner. Il faudra bien se demander un jour jusqu'où ils seront prêts à accepter ce système qui semble s'être construit sans eux, peut-être même contre eux.

Une fois de plus, gare aux amalgames. Cette folie financière bien réelle n'a rien à voir avec la fumisterie intellectuelle de la prétendue *Horreur économique*, et dont les nombreux disciples en France sont au moins aussi dangereux que les zélotes de la création de valeur.

Une chose est de dénoncer cette course mortelle aux plus-values éphémères des marchés financiers. Une autre est de vilipender le goût du travail, de l'effort et de la prise de risque dans un pays chloroformé par la vulgate d'un prophète allemand barbu de l'avant-dernier siècle. Les idéologies ont peut-être disparu des débats publics. Elles restent, en France, étonnamment présentes dans les esprits et les comportements.

Il faudra un autre livre pour tenter de convaincre les lecteurs émerveillés de *L'Horreur économique* ou de *Bonjour paresse* que le nombre de chômeurs en France n'est pas près de baisser si l'on fait l'apologie de la glande au bureau, 35 heures par semaine, dans une entreprise publique de 120 000 personnes, ayant d'immenses défis à relever. Que le seul moyen de faire repartir un pays qui devient chaque jour un peu plus cet « homme malade » de l'Europe, telle la Grande-Bretagne des années 1970, n'est pas le rituel moisi des grèves et manifestations pour protéger ses petits et grands privilèges. Le seul moyen de s'en sortir ensemble est bien au contraire d'oser travailler, risquer, et changer toujours plus.

Car au bout du compte, au bout de tous les comptes, la seule loi possible dans cette guerre économique mondiale que nous livrons depuis des décennies, parfois sans le savoir ou en feignant de l'ignorer, n'est pas la loi de l'argent facile et des prébendes corporatistes. Mais bien la loi de l'effort, de l'initiative et de la liberté.

Remerciements

Merci à Olivier Nora et aux éditions Grasset d'avoir relevé le défi improbable de faire écrire un analyste financier.

Merci à Manuel Carcassonne pour sa patience, son humour et son implication décisifs pendant cette longue année d'écritures non comptables.

Enfin et dans un ordre chronologique, merci à Romain Lacaille, Etienne Celier, Eric Vallat, Guy Rodwell, Thierry Gineste, Bernard Esambert, Hervé Bourges, Pierre Wiehn, Jean Peyrelevade et Lucas d'Orgeval. Ils savent tout ce que je leur dois.

TABLE

Préambule 11

1. Courtier. 19

2. Investisseurs 45

3. Sous-jacents et gros bêtas 65

4. Bulles 81

5. Roadshows 109

6. Le Puritain 137

7. Références circulaires 169

8. Tous aux abribus? 197

9. Motus Vivendi 219

10. Le peloton du CAC40. 247

Épilogue 271

Remerciements 279

Cet ouvrage a été composé et imprimé par

FIRMIN DIDOT
GROUPE CPI
Mesnil-sur-l'Estrée

pour le compte des Éditions Grasset
en mars 2006

Imprimé en France
Première édition, dépôt légal : mars 2005
Nouveau tirage, dépôt légal : mars 2006
N° d'édition : 14252 - N° d'impression : 78431
ISBN : 2-246-67661-4